Vorwort

Zu diesem Buch

Reden ist Silber, Schreiben ist Gold. Dieses Buch führt Sie zu Ihren eigenen englischen Texten. Es hilft Ihnen dabei, sich kreativ und in allen wichtigen Genres schriftlich und mündlich korrekt auszudrücken. Bei der professionellen Vorbereitung eindrucksvoller Präsentationen ist es Ihnen ein zuverlässiger Ratgeber.

Die Leistungen dieses Buches im Überblick

Recherchieren, Strukturieren, Formulieren, Präsentieren

Texte richtig schreiben:
Im ersten großen Teil dieses Buches finden Sie nützliche Hilfestellungen für das Verfassen Ihrer englischen Texte. Vorgefertigte Satzbausteine ermöglichen es Ihnen, peinliche Fehler von vornherein zu vermeiden und Texte zu schreiben, die *gut und richtig Englisch klingen*. Formulierungshilfen erleichtern es Ihnen in *Aufsätzen, Textanalysen, Zusammenfassungen, Briefen* und *Bewerbungsschreiben* stilsicher den richtigen Ton zu treffen.

Gut zu wissen!
Das zweite Kapitel bietet Ihnen Infofenster mit *praktischen Tipps* und *zusätzlichen Informationen* zu speziellen Bereichen, die für die effiziente Vorbereitung und die fehlerfreie sowie formal korrekte Ausführung einer schriftlichen Arbeit zweckdienlich sind. Die Infofenster sind mit einem *i für Information* gekennzeichnet.

Richtig präsentieren:
Im dritten Kapitel erhalten Sie wertvolle Handreichungen zur Erstellung abgerundeter englischsprachiger Präsentationen. So erfahren Sie, wie eine Präsentation idealerweise aufgebaut ist und profitieren von Antworten auf relevante technische Fragen, wie die nach der *Gestaltung eines überzeugenden Handouts* oder nach dem *optimalen Einsatz von Medien und Hilfsmitteln*. Eine Zusammenstellung der wichtigsten Satzbausteine, geordnet nach Präsentationsphase und Redeabsicht, macht Sie fit für eine *flüssige und souveräne Darstellung*. Gleichzeitig werden Sie darin stark gemacht, Diskussionen zu leiten oder an ihnen teilzunehmen, überzeugend zu argumentieren und flexibel auf Einwände und Fragen zu reagieren.

Vorwort

Passgenauer Wortschatz

Thematische Wortschätze:
Hier finden Sie ausführliche und zu den wichtigsten Oberstufenthemen passende Wortschätze. (z. B. *The American Dream, Politics in the UK and US*)

Deutsches Glossar:
Um Ihnen die Arbeit noch weiter zu erleichtern, bietet Ihnen dieses Buch am Ende ein deutsches Glossar mit Verweisen auf die Einträge in den thematischen Wortschätzen. *So finden Sie beim Formulieren ausgehend vom Deutschen schnell den korrekten englischen Begriff.*

Training der Aussprache

MP3-Dateien zum kostenlosen Download:
Damit Sie bei Ihren Präsentationen und beim Diskutieren *mit einer guten englischen Aussprache punkten*, stehen Ihnen alle Sätze und Wendungen aus dem Kapitel *Richtig präsentieren* als MP3-Dateien zum Nachhören und Nachsprechen zur Verfügung. Track-Nummern helfen Ihnen bei der Orientierung. Alle Hörbeiträge wurden selbstverständlich *von englischen Muttersprachlern* gesprochen.

Die kostenlosen Hördateien im MP3-Format finden Sie unter:
www.pons.de/texte-schreiben-englisch

Ihre erfolgreiche Englischkarriere ist vorgezeichnet. Packen Sie es an!

Inhaltsverzeichnis

I. Texte richtig schreiben
Grundwortschatz
für die Textanalyse 8
Argumentieren 21
Meinungen ausdrücken 33
Ursache und Wirkung
beschreiben 38
Vergleichen 40
Wahrscheinlichkeitsgrade
ausdrücken 43
Betonen und abmildern 48
Beschreiben 50
    Wichtige Adjektive für die
    Personenbeschreibung 52
    Eine Karikatur interpretieren 59
Erzählen und berichten 60
Gefühle ausdrücken 64
Briefe schreiben 72
    Formelle Briefe schreiben 72
    Die Anrede am Briefanfang 73
    Die Grußformel am Briefende 74
    Formelle E-Mails schreiben 74
    Post an Freunde, Verwandte und
    Bekannte 75
Bewerbungsschreiben
formulieren 78
    Bewerben in Großbritannien 78
    Musterbewerbung 79
    Einen Lebenslauf schreiben 80
    Musterlebenslauf 81
Leserbriefe schreiben 87
    Tipps für einen gelungenen
    Leserbrief 89
Filmrezensionen verfassen 90
    Filmische Mittel 94

II. Gut zu wissen!
Richtig recherchieren 98
Mind-Map: Gedanken einfach
und schnell sortieren 99
Literarische Genres 100
Metrum 102
Reim 104
Stilmittel 106
Kommasetzung im Englischen –
die wichtigsten Regeln 108
Die Verwendung des Apostrophs 109
Richtig zitieren 110
Quellenangaben machen 111
Eine Zusammenfassung schreiben ... 112

III. Richtig präsentieren
Hinweise zur Erstellung von
Präsentationen 116
Die Einleitung 118
Der Hauptteil 124
Der Schluss 134

IV. Thematische Wortschätze
Politics in the UK and US 138
Society 148
Multicultural Britain 156
Economics in the modern world 162
The environment 170
The American Dream 176
Vision of the future 182
Arts, culture an the media 188
Shakespeare 196

V. Thematische Wortschätze –
    deutsches Glossar 202

I. Texte richtig schreiben

Grundwortschatz für die Textanalyse 8
Argumentieren 21
Meinungen ausdrücken 33
Ursache und Wirkung beschreiben 38
Vergleichen 40
Wahrscheinlichkeitsgrade ausdrücken 43
Betonen und abmildern 48
Beschreiben 50
Erzählen und berichten 60
Gefühle ausdrücken 64
Briefe schreiben 72
Bewerbungsschreiben formulieren 78
Leserbriefe schreiben 87
Filmrezensionen verfassen 90

I. Texte richtig schreiben

Intention des Autors erklären
Declaring the author's intention

Es ist das Ziel des Autors / der Autorin ...	It is the author's intention ...
Die Hauptaussage dieses Textes ...	The central message of the text ...
Der Autor / Die Autorin	The author
informiert / gibt Auskunft / unterrichtet / teilt mit ...	informs us / tells us / teaches us / lets us know ...
beabsichtigt ...	intends ...
möchte zeigen, dass ...	would like to show that ...
ist der Meinung, dass ...	is of the view that ...
glaubt(, dass ...)	believes (that) ...
stellt heraus, dass ...	points out that ...
bezieht sich auf ...	refers to ...
macht deutlich, dass ...	makes it clear that ...
kommt zu dem Schluss, dass ...	comes to the conclusion that ...
möchte erreichen, dass ...	wants to ...
bringt sein(e) ... zum Ausdruck.	expresses his ...
will Interesse wecken für / neugierig machen auf / sensibilisieren für ...	wants to stimulate interest in / arouse our curiosity about / make us aware of ...
plädiert (eindringlich) für ...	(strongly) advocates ...
appelliert an den Leser / fordert den Leser auf, ...	calls upon / challenges the reader to ...
kritisiert / verurteilt(, dass ...)	expresses the criticism that ... / judges that ...
warnt vor den Folgen.	warns of the consequences.
möchte schockieren / provozieren / aufrütteln.	wishes to shock us / provoke us / shake us up.
bricht mit Tabus.	breaks with taboos.
stellt die allgemein akzeptierte Meinung in Frage.	questions the generally accepted view.

Grundwortschatz für die Textanalyse

Textelemente beschreiben
Describing elements of the text

das Vorwort / die Einleitung / das Prolog / das Nachwort	the preface / introduction / prologue / epilogue
das Kapitel / der Abschnitt / die Passage	the chapter / section / passage
der Satzanfang / das Satzende	the beginning / end of the sentence
die Form / die Struktur des Textes betrachten	to look at the form / structure of the text
Im ersten Abschnitt steht …	In the first section, it says that …
Der dritte Abschnitt bezieht sich auf …	The third section deals with …
In der letzten Textpassage wird deutlich, dass …	In the final passage, it becomes clear that …
In der 50. Zeile findet sich folgende Formulierung …	The following wording is found in line 50 …
In Zeile 15 erfährt der Leser / kann man erkennen, dass …	In line 15, the reader learns / it can be seen that …

Sprache kommentieren
Discussing language

Der Autor / Die Autorin	The author
verwendet eine sachliche / nüchterne / klare Sprache.	makes use of impersonal / restrained / clear language.
bedient sich einer bildhaften / lebendigen / altmodischen Sprache.	uses vivid / animated / dated language.
benutzt veraltete Ausdrücke / Fachausdrücke.	uses outmoded expressions / specialist terms.
integriert Slang / umgangssprachliche Elemente.	incorporates slang / colloquial elements.
gebraucht viele / wenig Nebensätze.	uses many / few subordinate clauses.
zeichnet sich durch seine / ihre Ausdruckskraft / Gewandtheit aus.	is distinguished by his / her expressive ability / eloquence.
Die Sprache des Autors / der Autorin ist lakonisch / wortgewandt / klischeebeladen / vage / mehrdeutig / gekünstelt / hochtrabend / gesteltzt / einfach.	The author's language style is laconic / eloquent / cliché-ridden / vague / ambiguous / affected / pompous / stilted / simple.

I. Texte richtig schreiben

Der Text	The text
ist in der Alltagssprache geschrieben / verfasst.	is written / composed in everyday language.
ist knapp / sachlich / überschwänglich / ironisch formuliert.	is written in a concise / an impersonal / an effusive / an ironic style.
weist zahlreiche schmückende Adjektive auf.	contains many ornamental epithets.
hat einen komplexen / einfachen Satzbau.	has a complex / simple sentence construction.
Die Sprache	The language
ist unmittelbar und lebendig.	is direct and vivid.
wirkt hektisch / sprunghaft / getragen / melodisch.	produces a frantic / erratic / solemn / lyrical effect.
Der Sprachstil ist gehoben / umgangssprachlich / literarisch.	The language style is elevated / colloquial / literary.
Die Erzählung zeichnet sich durch die häufige Verwendung der direkten Rede / von Dialogen aus.	The narrative is distinguished by its frequent use of direct speech / dialogue.
Der Satzbau ist elliptisch.	The syntax is elliptical.
Die Sätze stehen unverbunden nebeneinander.	There is no connection between the sentences.
Der Wortschatz ist begrenzt / technisch / sehr umfangreich.	The vocabulary is limited / technical / extensive.
Die Verbindung von gehobenem Stil mit Vulgärsprache erzielt einen komischen Effekt.	Combining an elevated / formal style with colloquial language gives a comic effect.
Die häufige Reihung von Adjektiven fällt auf.	The frequent use of sequences of adjectives is a notable feature.

Ton eines Textes kommentieren
Discussing the tone of a text

Der Autor / Die Autorin schafft eine düstere / harmonische / bedrückende Atmosphäre / Stimmung.	The author creates a gloomy / harmonious / depressing atmosphere / mood.
Der Text	The text
enthält viele komische / sarkastische Elemente.	contains many comic / sarcastic elements.

Grundwortschatz für die Textanalyse

enthält auch erzählerische Passagen.	also contains narrative passages.
Der Ton der Erzählung ist ernst / humoristisch / sarkastisch.	The tone of the narrative is serious / humorous / sarcastic.
An dieser Stelle wird Ironie verwandt / der ironische Grundton des Textes deutlich.	This passage makes use of irony / makes clear the fundamentally ironic tone of the text.
Der ironische Ton dieser Stelle steht in scharfem Kontrast zu ...	The ironic tone of this passage is in marked contrast to ...
Die anfängliche Stimmung schlägt plötzlich / im Verlauf des Textes um.	The initial mood changes suddenly / during the course of the text.
Der Aufsatz ist sachlich und informativ / argumentativ / manipulativ.	The article is factual and informative / argumentative / manipulative.

Stilmittel kommentieren
Discussing rhetorical devices

Der Autor / Die Autorin	The author
bedient sich / macht Gebrauch von ...	employs / makes use of ...
gebraucht ... / wendet ... an	uses / applies ...
benutzt hier dieses Bild / diese Metapher / diesen Vergleich, um zu zeigen ...	is here using this image / metaphor / comparison to show ...
verwendet ein Bild aus dem Bereich der Musik / des Kosmos / der Natur.	is using an image from the field of music / the cosmos / nature.
vergleicht ... mit ...	compares ... to ...
Dieses Stilmittel unterstreicht / macht deutlich / veranschaulicht ...	This rhetorical device emphasizes / makes it clear / illustrates ...
Dieses Bild / Diese Metapher deutet ... an / erinnert an / symbolisiert ...	This image / metaphor suggests that / evokes / symbolizes ...
Man findet auch Euphemismen / Wortspiele / Paradoxien.	We also find instances of euphemism / pun / paradox.
Die ungewöhnliche Metapher / Satzstellung / Reihung der Adjektive erregt die Aufmerksamkeit des Lesers.	The unusual metaphor / word order / string of adjectives attracts the reader's attention.
Die Wiederholung unterstreicht die Wichtigkeit dieser Stelle.	The repetition emphasizes the importance of this passage.
Der Parallelismus stellt die Sätze zueinander in Beziehung.	The drawing of parallels relates the sentences to each other.

I. Texte richtig schreiben

(Die Rose) steht hier symbolisch für (die Liebe).	(The rose) is in this case a symbol of (love).
Das Symbol verweist auf ...	The symbol refers to ...
Das vom Autor / von der Autorin gewählte Bild ...	The image chosen by the author ...
Das Wortspiel / Die Untertreibung / Die Hyperbel erzielt einen komischen Effekt.	The pun / understatement / hyperbole has / achieves a comic effect.
Das Meer wird personifiziert.	The sea is personified.
In der Reihung erkennt man eine Steigerung.	The sequence shows a progression.
Die bildhafte Sprache / die Metaphorik ist typisch für die Zeit / Epoche.	The vivid language / imagery is typical of the time / period.
Die Form korrespondiert mit / entspricht / widerspricht dem Inhalt.	The form corresponds to / matches / is inconsistent with the content.

Bedeutung eines Textes kommentieren
Discussing the meaning of a text

eine Passage interpretieren / falsch interpretieren	to interpret / misinterpret a passage
einen Text erklären	to explain / to offer an explanation of a text
die Bedeutung eines Textes erklären / erfassen	to explain / understand the meaning of a text
Eine erste Verstehenshypothese könnte lauten ...	In an initial summary of the context, it could be stated that ...
Der Text drückt aus / zeigt / spiegelt wider / enthüllt / macht deutlich ...	The text expresses / shows / reflects / reveals / makes clear ...
Die Aussage / Die Bedeutung des Textes	The message / meaning of the text
ist nur vor dem Hintergrund seiner Zeit verständlich.	can only be understood within the context of its time.
erschließt sich nur nach einer genauen Analyse der Symbolik / der Bildersprache.	is revealed only after close analysis of the symbolism / imagery.
Für das Verständnis des Werkes ist dieser Aspekt von großer Wichtigkeit / zentraler Bedeutung.	This aspect is of great importance / crucial significance to the understanding of the work.
Der Leser findet zu diesem Gedicht nur schwer Zugang.	The poem is not readily accessible to the reader.

Grundwortschatz für die Textanalyse

Der Text spielt mit Bedeutungen / ist vielschichtig / vieldeutig.	The text plays with meanings / has many layers / is ambiguous.
Der Roman lässt sich nicht auf eine einfache Moral festlegen.	The novel cannot be reduced to a single moral issue.
Der Roman entzieht sich einer eindimensionalen Betrachtungsweise.	It is not possible to examine the novel in simplistic terms.
Das Drama funktioniert auf mehreren Ebenen.	The play functions on several levels.
Hier wird deutlich, dass die Meinung des Erzählers von der Meinung des Autors / der Autorin abweicht.	It becomes obvious here that the the view of the narrator differs from that of the author.
... ist wesentlich für die Gesamtinterpretation.	... is important for the overall interpretation.
... wird im Sinne von ... benutzt / muss im Sinne von ... verstanden werden.	... is used / is to be understood in the sense of ...
Diese Stelle ist wörtlich zu verstehen / hat eine übertragene Bedeutung.	This passage is to be taken in a literal / figurative sense.
... endet offen / hat ein offenes Ende.	... has an inconclusive ending.

Prosatexte kommentieren
Commenting on prose fiction

der Roman / die Geschichte / die Kurzgeschichte / die Erzählung / die Fabel	the novel / story / short story / narrative / tale
die Figuren	the characters
die Hauptfigur	the main / round character
die Nebenfigur	the minor / flat character
der Protagonist / die Protagonistin	the protagonist
der Held / die Heldin	the hero / heroine
der Antagonist / die Antagonistin / der Gegenspieler / die Gegenspielerin	the antagonist
der Erzähler / die Erzählerin	the narrator
die Handlung	the action / plot
der Handlungsverlauf	the plot / story line
der Rahmen / das Leitmotiv	the setting / the leitmotif
die Rahmenhandlung	the frame narrative / frame story

I. Texte richtig schreiben

Der Roman	The novel
behandelt das Thema …	deals with the subject of …
ist ein typisches Werk seiner Epoche.	is a typical work of its period.
lässt sich in folgende Abschnitte gliedern …	can be divided into the following sections …
zeigt / handelt von …	shows / deals with …
hat eine Rahmenhandlung.	is a frame narrative / a tale within a tale.
ist in der ersten / dritten Person verfasst.	is written in the first / third person.
spielt in … / basiert auf …	is set in … / is based on …
spielt in der Gegenwart.	has a contemporary setting.
ist episodenhaft aufgebaut.	has an episodic structure.
eine verwickelte Handlung	a tightly woven plot
Bei dem Roman handelt es sich um eine Dystopie / eine Utopie / einen Kriminalroman / einen Bildungsroman.	The novel is a dystopian / a utopian / a crime novel / a Bildungsroman.
Die Geschichte	The story
ist aus der Perspektive eines … / einer … geschrieben / erzählt.	is written / narrated from the viewpoint of a …
ist eine Ich-Erzählung.	is a first-person narrative.
Der Autor / Die Autorin erzählt / schildert / beschreibt / verdeutlicht …	The author narrates / depicts / describes / explains …
Der Autor / Die Autorin baut eine fesselnde Handlung auf.	The author weaves a compelling plot.
Der Roman hat einen auktorialen / allwissenden Erzähler.	The novel has an omniscient narrator.
indirekte Charakterisierung	indirect / implicit characterization
Die Figur wird durch … charakterisiert.	The character is marked by …
Das Äußere wird beschrieben / dargestellt.	The appearance is described / illustrated.
Die Mutter erzählt eine Episode aus der Jugend der Heldin.	The mother narrates an episode from the heroine's youth.
direkte Charakterisierung	direct / explicit characterization
Der Held beschreibt sich selbst als …	The hero describes himself as …
Das Hauptthema des Romans ist …	The main theme of the novel is …
Die Handlung spielt in …	The action takes place in …

Grundwortschatz für die Textanalyse

Schon in der Einleitung wird die spätere Entwicklung angedeutet.	Subsequent developments are hinted at even in the introduction.
Der Anfang vermittelt dem Leser die Welt des Romans.	The beginning conveys the world of the novel to the reader.
Hier erfährt die Handlung ihren Höhepunkt.	At this point the plot reaches a climax.
Der Spannungsbogen wird jäh unterbrochen.	The dramatic arc is broken abruptly.
Die Geschichte nimmt eine überraschende Wendung.	The story takes a surprising turn.
Der zentrale Konflikt besteht in ...	The central conflict consists of ...
Die Handlung entwickelt sich vor dem Hintergrund einer fantastischen / poetischen / beengten Welt.	The action unfolds against the backdrop / background of a fantasy / poetic / constricted world.
Der Schluss ist unerwartet.	The ending is unexpected.

Argumentative Texte kommentieren
Commenting on argumentative texts

Der Autor/ Die Autorin	The author
behauptet / nimmt an ...	maintains / assumes ...
unterstellt ...	implies ...
hebt hervor / betont / unterstreicht ...	highlights / emphasises / underlines ...
ist überzeugt, dass ...	is certain that ...
legt (überzeugend) dar, dass ...	shows (convincingly) that ...
warnt vor ...	warns of ...
schlägt vor(, dass) ...	suggests (that) ...
setzt ... zueinander in Beziehung.	relates ... to one another.
schlussfolgert / schließt ...	concludes ...
Dies wird durch ein Beispiel verdeutlicht / illustriert.	This is clarified / illustrated by an example.
Die These des Textes besteht in ...	The thesis of the text is that ...
Die Antithese besagt, dass ...	The antithesis means that ...
Am Schluss kommt der Autor/ die Autorin zu folgender Synthese / Folgerung ...	At the end the author finally comes to / draws the following conclusion ...

I. Texte richtig schreiben

Expositorische Texte kommentieren
Commenting on expository texts

Der Autor / Die Autorin	The author
erörtert / legt dar ...	argues / states ...
erklärt Hintergründe.	explains the background.
veranschaulicht / beleuchtet / verdeutlicht ...	illustrates / sheds light on / explains ...
zeigt verschiedene Aspekte auf.	points out various aspects.
arbeitet die Problematik des / der ... heraus.	highlights the problems of ...
diskutiert / handelt ab ...	discusses / deals with ...
setzt sich mit der Fragestellung auseinander / wirft Fragen auf.	tackles the issue / poses questions.
zeigt ein vollständiges / umfangreiches / oberflächliches Wissen des / der ...	displays a thorough / intimate / superficial knowledge of ...
Der Text	The text
behandelt das Thema ...	deals with the subject of ...
befasst sich mit dem Thema ...	is concerned with the subject of ...
berichtet über ...	covers ...
enthält auch erzählerische Elemente.	also contains narrative elements.
erweckt / hält das Interesse des Lesers indem er ...	captures / holds the reader's interest by ... (+ing)

Dramen kommentieren
Commenting on drama

das Theaterstück / das Stück	the play
die Tragödie / die Komödie / die Farce	the tragedy / comedy / farce
ein historisches / satirisches / episches Drama	a historical / a satirical / an epic drama
absurdes Theater	theatre of the absurd
Slapstick(komödie) / Sittenkomödie / romantische Komödie / Situationskomödie	slapstick comedy / comedy of manners / romantic comedy / situation comedy
der Dramatiker / die Dramatikerin	the playwright
die Aufführung	the performance
der Akt / die Szene	the act / the scene

Grundwortschatz für die Textanalyse

die Charaktere / die Figuren	the characters
der Protagonist / die Protagonistin	the protagonist
der Antagonist / die Antagonistin	the antagonist
der Anfang / der Wendepunkt / der Höhepunkt / die Katastrophe / die Enthüllung / die Entdeckung / der Ausgang / die Lösung / der Schluss	the opening / turning point / climax / catastrophe / revelation / discovery / denouement / resolution / ending
Das Stück handelt von …	The play deals with …
Das Stück bietet Situationskomik.	The play provides some situational comedy.
Das Stück wurde in der Inszenierung von … (ur)aufgeführt.	The play was (originally) staged by …
Das Bühnenbild ist absurd / karg / detailreich / aufwändig.	The set / stage design is absurd / sparse / detailed / elaborate.
Der / Die (Theater)schauspieler(in)	The actor / actress
spielt die Rolle des …	plays the part of the …
tritt auf.	appears / comes on.
geht ab.	exits.
hat einen langen Monolog.	has a long monologue.
spricht Hamlets Monolog.	recites Hamlet's monologue.
Die Struktur / Der Aufbau des Dramas …	The structure / construction of the drama …
Im 5. Akt, 2. Szene …	In Act 5, Scene 2 …
Am Ende des fünften Aktes …	At the end of Act 5 …
der Handlungsbogen / der Spannungsbogen	the plot arc / dramatic arc
Die Exposition endet nach der ersten Szene.	The exposition finishes after the first scene.
Die Spannung steigt bis zum Wendepunkt / Höhepunkt immer mehr an.	The tension heightens right up to the turning point / climax.
Das Denouement ist durch fallende Spannung gekennzeichnet.	The denouement is marked by a falling-off of tension.
Das Stück endet mit der Lösung des zentralen Konflikts / mit der Katastrophe.	The play ends with the resolution of the central conflict / in disaster.
Diese Äußerung ist als dramatische / tragische Ironie zu verstehen.	This statement is meant as dramatic / tragic irony.
Das Personal des Dramas ist begrenzt / umfangreich.	There is a restricted / large cast.
Der Protagonist / Die Protagonistin kämpft für / repräsentiert / zerbricht an …	The protagonist is fighting for / represents / is destroyed by …

I. Texte richtig schreiben

Die Figur wird eingeführt, um die Spannung auf komische Art zu brechen.	The character is introduced as comic relief.
Die Beweggründe der Protagonistin werden erst in der Rückblende verständlich.	The protagonist's motivation only becomes apparent in flashback.
die Haupthandlung / Nebenhandlung	the main plot / sub-plot
der Handlungsstrang	the plot line
Die Handlung wird durch die Nebenhandlung verzögert / unterbrochen.	The plot is held up / interrupted by the sub-plot.
Die Nebenhandlung spielt eine wichtige Rolle für die Interpretation.	The sub-plot is important for the interpretation of the play.

Lyrik kommentieren
Commenting on poetry

der Dichter / die Dichterin	the poet
die Ballade / die Elegie / die Ode / das Sonett	the ballad / elegy / ode / sonnet
Das Gedicht	The poem
besteht aus ...	consists of ...
ist in drei Strophen unterteilt / gegliedert.	is divided into / made up of three verses.
verzichtet auf eine strophische Gliederung.	has no verse division.
Die Strophe besteht aus vier Zeilen / Versen.	The verse is made up of four lines / stanzas.
In der zweiten Zeile ...	In the second line ...
Das Gedicht hat folgende Form ...	The poem has the following form ...
Die Form / Die Struktur des Gedichts ist regelmäßig / unregelmäßig.	The form / structure of the poem is regular / irregular.
Es handelt sich um ein konkretes Gedicht / konkrete Poesie.	This is a concrete poem / concrete poetry.
Der Dichter / Die Dichterin hat die Sonettform gewählt.	The poet has chosen the sonnet form.
der Reim / der Rhythmus / das Metrum	the rhyme / rhythm / metre
Das Gedicht hat folgendes Reimschema ...	The poem has the following rhyme scheme ...
der Paarreim / Kreuzreim / freie Reim	the rhyming couplet / alternate rhyme / free verse
Der Dichter / Die Dichterin verwendet kein festes Reimschema.	The poet is not using a fixed rhyme scheme.

Grundwortschatz für die Textanalyse

Die Silbe ist betont / unbetont.	The syllable is stressed / unstressed.
An dieser Stelle weicht die Betonung vom Metrum ab.	The stress departs from the metre at this point.
Der unruhige / ruhige Rhythmus unterstreicht die aufgeregte / idyllische Stimmung.	The unsettled / quiet rhythm emphasizes the agitated / idyllic mood.
Das lyrische Ich schildert seine Gedanken und Empfindungen.	The lyrical I describes his thoughts and feelings.
Das Gedicht hat ... zum Thema.	The subject of the poem is ...
Ein immer wiederkehrendes Motiv ist ...	A recurring motif is ...

Reden kommentieren
Commenting on a speech

eine Rede vor dem Parlament / dem Kongress / einem großen Publikum halten	to give / deliver a speech to Parliament / Congress / a large audience
eine Wahlrede / eine Rede zur Lage der Nation	an election speech / a state of the nation speech / address
Der Redner / Die Rednerin	The speaker
erläutert seinen / ihren Standpunkt.	states his / her point of view.
wirbt für ...	is canvassing for ...
möchte die Zuhörer aufrütteln / zum Handeln bewegen.	wishes to stir / persuade his audience into action.
verteidigt seine / ihre Einstellung.	defends his / her viewpoint.
versucht die Zuhörer zu manipulieren / zu überzeugen / umzustimmen.	is trying to manipulate / win over / bring round his / her listeners.
greift seine / ihre Gegner an.	attacks his / her opponents.
räumt Fehler ein.	admits that there have been mistakes.
verdreht / verzerrt die Wahrheit.	twists / perverts the truth.
wird polemisch.	becomes polemical.
benutzt viele rhetorische Fragen / Wiederholungen.	makes use of many rhetorical questions / repetition.
Im Verlauf der Rede wird der Ton schärfer.	The speech becomes progressively more acrimonious in tone.

I. Texte richtig schreiben

Ziel des Aufsatzes erörtern
Explaining the aim of an essay

In dieser Arbeit / diesem Aufsatz möchte ich	In this essay I would like to
einen Aspekt / ein Thema beleuchten / veranschaulichen.	shed some light on / illustrate an issue / a topic.
zeigen / belegen, dass ...	show / prove that ...
informieren über ...	tell you about ...
Interesse wecken für ...	create interest in ...
... diskutieren / erörtern.	discuss / debate ...
... näher untersuchen.	look more closely at ...
... zur Diskussion stellen.	put ... up for discussion.
In dieser Arbeit möchte ich erreichen, dass ...	In this essay, what I would like to achieve is ...
Das Ziel dieser Arbeit ist es, ...	This essay aims to ...
Ich möchte zunächst ..., bevor ich ...	First of all I would like to ... before I ...
Diese Hypothese wird im Verlauf der Arbeit noch näher untersucht werden.	This hypothesis will be examined more closely in the course of the essay.
Mit diesem Aufsatz / dieser Arbeit möchte ich zum Nachdenken anregen.	I'd like to provide the reader with some food for thought.

Argumentieren

Ein Argument anführen
Presenting an argument

Als Erstes / Zunächst	Firstly
möchte ich herausstellen / betonen / anführen, dass ...	I would like to show / emphasize / argue that ...
muss erwähnt werden, dass ...	it has to be mentioned that ...
Erstens ..., zweitens ..., drittens ...	Firstly ..., secondly ..., thirdly ...
Es ist immer behauptet worden, dass ...	It has always been said that ...
Einer der wichtigsten / zentralen Punkte ist der folgende: ...	One of the main / central points is as follows: ...
Nehmen wir zunächst einmal an ...	Let us first of all assume ...
Zunächst einmal / Als Erstes möchte ich anführen, dass ...	Initially / Firstly, I would like to argue that ...
Es muss aber auch erwähnt werden, dass ...	However, it must also be said that ...

Weitere Argumente hinzufügen
Adding further arguments

des Weiteren / außerdem	furthermore / in addition
Zudem ist wichtig, dass ...	It is also important that ...
Dabei sollte man nicht vergessen, dass ...	We must not forget / It should not be forgotten that ...
Zusätzlich dazu ...	Additionally ...
Hinzu kommt, dass ...	In addition, ...
Ein weiterer wichtiger Punkt ist ...	Another important point is ...
Dies wirft weitere Fragen auf.	This raises further questions.
Darüber hinaus sollte ... nicht unerwähnt bleiben.	Moreover, it is important to mention ...
übrigens / apropos	incidentally / by the way

I. Texte richtig schreiben

Argumente verknüpfen
Connecting arguments

Ein weiterer wichtiger Punkt ist der folgende: …	Another important point is as follows …
An dieser Stelle ist … interessant / darf … nicht fehlen.	At this point, … is of interest / must not be forgotten.
Das bringt uns zu einem anderen Aspekt.	This brings us to another issue.
Ganz ähnlich verhält es sich mit …	The situation with … is very similar. / The same is true of …
Ganz anders verhält es sich mit …	The situation with … is quite different. / This cannot be said of …
Ich möchte das Ganze noch von einer anderen Seite beleuchten.	I would like to comment on this from a different angle.
Das führt zu einem weiteren Problem.	This brings us on to another issue.
Es sollte ebenfalls erwähnt werden, dass …	It should also be mentioned that …
Einerseits …, andererseits …	On the one hand … on the other (hand) …
jedoch / nichtsdestoweniger	however / nonetheless
Man kann jedoch / allerdings dagegenhalten, dass …	However / Admittedly it can be argued that …
jedenfalls	in any case

Ein Argument in Frage stellen
Questioning the validity of an argument

Hier erscheinen Zweifel angebracht.	It would seem reasonable to call this into question.
berechtigter Zweifel	justifiable doubt
Dies muss hinterfragt werden.	This has to be looked at closely.
Diese Behauptung kann nicht einfach so hingenommen werden.	It is not possible simply to accept this assertion as it stands.
Dies ist nur scheinbar eine logische Folgerung.	This merely has the appearance of a logical deduction.
Dies scheint nur auf den ersten Blick ein stichhaltiges Argument zu sein.	This appears to be a valid argument only at first glance.

Argumentieren

Die Schlussfolgerung überzeugt nicht.	This conclusion is not a convincing one.
Dies wirft grundlegende Probleme auf.	This gives rise to some fundamental difficulties.
Hier stellt sich die Frage, ob …	The question has to be asked here whether …
Die Argumentation ist problematisch / fragwürdig / fehlerhaft.	The reasoning is problematic / questionable / flawed.

Die andere Seite des Arguments
The other side of the argument

Einerseits …, andererseits …	On the one hand … on the other (hand) …
Auf der anderen Seite …	On the other hand …
Demgegenüber / Im Gegensatz dazu …	In contrast …
Ist diese Erklärung wirklich die einzig mögliche?	Is this really the only possible explanation?
Ist das die einzig mögliche Schlussfolgerung?	Is this the only possible conclusion?
Der Autor / Die Autorin muss sich fragen lassen, …	The author must ask himself / herself …
Es könnte doch auch anders sein.	It could, however, be otherwise / different.
Der Autor / Die Autorin argumentiert, dass …, es ließe sich aber auch das Gegenteil behaupten.	The author argues that …, but the reverse could also be said / true.
Lässt sich damit rechtfertigen, dass …?	Does this justify the fact that …?
Ist das Problem hiermit wirklich erschöpfend behandelt?	Does this really deal with the problem fully?
Selbst wenn dem so wäre, …	Even if that were the case, …

Die ausgewogene Argumentation
The balanced view

Man sollte jedoch nicht vergessen / außer Acht lassen, dass …	We must not forget / ignore the fact that …
Ein zusätzlicher Faktor sollte in Erwägung gezogen / berücksichtigt werden.	There is another factor which has to be considered / taken into consideration.
Man muss bedenken, dass …	We have to remember that …
Es muss in Betracht gezogen werden, dass …	It has to be considered that …

I. Texte richtig schreiben

Selbst wenn (dem so ist), sollte man nicht ...	Even so / Even if that is the case, we / one must not ...
Das schließt jedoch nicht aus, dass ...	This does not rule out the fact that ...
Wir sollten uns jedoch auch fragen, ob ...	However, we ought to ask ourselves whether ...
Man muss dabei beachten, dass ...	In doing this we must bear in mind that ...
Nach Abwägung aller Fakten ...	After weighing up all the facts ...

Ein Argument ablehnen oder widerlegen
Dismissing or refuting a claim

ein unhaltbares / haltloses Argument	an indefensible / untenable argument
eine unbewiesene Behauptung	an unsubstantiated assertion / claim
Es ist unwahrscheinlich, dass ...	It is unlikely that ...
Es ist undenkbar / unvorstellbar, dass ...	It is unthinkable / unimaginable that ...
Dies erscheint weit hergeholt / fragwürdig.	This seems far-fetched / questionable.
Dieser Bericht ist irreführend / hält einer genaueren Untersuchung nicht stand.	This report is misleading / does not stand up to closer examination.
Die Fakten sind aus der Luft gegriffen.	The facts are a complete fabrication.
Dies stimmt nur teilweise.	This is only partly true.
Ich stimme dem nicht zu.	I do not agree with it / this.
Im Gegensatz zu [Name] bin ich der Auffassung / Meinung, dass ...	Unlike [Name], my view is that ...
Ich teile die Auffassung des Autors / der Autorin nicht, weil ...	I do not share the author's view because ...
Das Gegenteil ist der Fall.	The opposite is the case.

Ein Argument unterstützen
Supporting an argument

Ich bin der gleichen Auffassung / Meinung wie [Name].	I am of the same view / opinion as [Name].
Ich unterstütze diese Auffassung.	I support this view.
Genau wie der Redner / die Rednerin denke / glaube ich auch, dass ...	Like the speaker, I also think that ...
Ich schließe mich der Argumentation des Autors / der Autorin an.	I agree with the author's reasoning.

Argumentieren

ein überzeugendes / einleuchtendes / schlagkräftiges / schlüssiges Argument für ...	a convincing / plausible / powerful / conclusive argument for ...
ein wichtiger / entscheidender / ausschlaggebender Grund für ...	an important / conclusive / decisive reason for ...
Es erscheint mir vernünftig / überzeugend ...	It seems sensible / plausible to me ...
Ein Argument, das diese Theorie bestätigt ...	An argument that confirms this theory ...
[Name] vermag hier voll und ganz zu überzeugen.	[Name] is here able to convince us fully.

Analyse anbieten
Analysing

Auf diesen Punkt möchte ich näher eingehen.	I would like to explore this point further.
Hier ist eine Untersuchung der Sprache / der Bilder besonders interessant / aufschlussreich.	It is particularly interesting / revealing here to look at the language / the images.
Überlegen wir einmal, warum / wie / ob ...	Just let us consider why / how / whether ...
Hier muss man nach den Gründen fragen.	We must ask about the reasons.
Die Beweggründe sollten an dieser Stelle näher untersucht werden.	We have to take a closer look here at the motives / motivation.
Ich gehe davon aus, dass ...	I assume that ...
Lassen Sie uns einmal annehmen, dass ...	Let us first of all assume that ...
Wie verhält es sich mit ...?	What is the situation with ...? / What about ...?
Man kann annehmen, dass ...	It can be assumed that ...
Hiermit ist nicht gemeint, dass ...	This does not mean that ...
Ich möchte klarstellen / deutlich machen / verdeutlichen, dass...	I would like to clarify / make it clear / spell out that ...
Hierbei sollte man ... in Betracht ziehen / berücksichtigen.	In doing this, we have to consider ... / bear ... in mind.

Begründen und aufzählen
Listing reasons

weil / da	because / since
aufgrund	because of
deshalb / deswegen / daher	as a result / because of this / therefore

I. Texte richtig schreiben

ein Grund dafür	one reason for this
zunächst (einmal) / zuerst	first (of all) / firstly
erstens ..., zweitens ..., drittens ...	firstly ..., secondly ..., thirdly ...
auch	also
außerdem	moreover
darüber hinaus	in addition
nebenbei bemerkt	incidentally / by the way
entsprechend	accordingly
nicht nur ..., sondern auch ...	not only ... but also ...
allerdings / jedoch / dennoch	however
andererseits	alternatively
während	while
vor allem	in particular / particularly / especially
besonders	in particular / particularly / especially
des Weiteren	furthermore
schließlich	finally
zum einen ... zum anderen ...	on the one hand ... on the other (hand) ...
Entweder ... oder ...	either ... or ...
alternativ / wahlweise	alternatively / optionally

Parallelen aufzeigen
Establishing parallels

An dieser Stelle / In diesem Zusammenhang sollte auch erwähnt werden, dass ...	At this point / In this context it should also be mentioned that ...
Es darf nicht unerwähnt bleiben, dass ...	We must not fail to mention that ...
ähnlich wie	similarly to
sowohl ... als auch ...	both ... and ...
Dies gilt nicht nur für ..., sondern auch für ...	This applies not only to ... but also to ...
Das bezieht sich auch auf ...	This also refers to ...
Dies trifft für ... gleichermaßen zu.	This applies equally to ...
Hier kann man durchaus Vergleiche / Parallelen ziehen.	It is possible here to make comparisons / draw parallels.
Vergleichbares findet sich auch bei ...	The same is true of ...

Argumentieren

Verdeutlichen und Umformulieren
Clarifying and rephrasing

anders ausgedrückt	in other words / to put it differently
Ich möchte es einmal so formulieren ...	I would like to express it in these words ...
Das bedeutet / heißt mit anderen Worten ...	This means in other words ...
nämlich	that is to say
Um es noch einmal ganz klar zu sagen ...	Just to make it quite clear ...
einfach gesagt / formuliert	put simply
konkret gesprochen	in specific terms
Hiermit ist gemeint, dass ...	By this I / we etc mean that ...
Wörtlich bedeutet das ...	This literally means ...
Es kommt auf dasselbe heraus.	It comes down to the same thing.

Beispiele anführen
Illustrating

zum Beispiel	for example / for instance
Dies sehen wir bei ...	We see this in ...
Nehmen wir zum Beispiel ...	Take for example ...
Das wird deutlich bei / wenn ...	This becomes clear in / when ...
Um diesen Punkt zu verdeutlichen ...	To illustrate this point ...
Als Beispiel braucht man nur ... anzuführen.	To illustrate this, one need only refer to ...
Ich möchte dies an einem Beispiel veranschaulichen / deutlich machen.	I'd like to illustrate this / make this clear by means of an example.
ein konkretes / einleuchtendes Beispiel	a specific / an obvious example
ein Beispiel aus dem Bereich der Medizin / Musik	an example from the field of medicine / music
Dies lässt sich anhand eines Beispiels belegen.	This can be shown by means of an example.
... ist das beste Beispiel für ...	... is a striking example of ...
... veranschaulicht ...	... serves to illustrate ...
Um noch ein weiteres Beispiel anzuführen ...	To take another example ...
Ich möchte an dieser Stelle nicht ins Detail gehen.	I don't wish to go into detail at this point.

I. Texte richtig schreiben

Eine These aufstellen
Postulating a theory

Ich vermute / nehme an / glaube ...	I suppose / assume / believe ...
Ich gehe zunächst von der Vermutung / Annahme aus, dass ...	I suppose / assume initially that ...
Ich möchte die These aufstellen, dass ...	I would like to put forward / postulate the theory that ...
Ich möchte die Vermutung in den Raum stellen, dass ...	I would like to offer / make / put forward the conjecture that ...
Man darf wohl behaupten, dass ...	It may well be said that ...
Ich möchte als Arbeitshypothese Folgendes formulieren: ...	As a working hypothesis I would like to make the following statement: ...
Aufgrund des bisher vorhandenen Datenmaterials gehe ich davon aus, dass ...	Based on existing data, I assume that ...
Die Entwicklungen der letzten Zeit lassen vermuten, dass ...	Recent developments make us think that ... / lead us to believe that ...

Zitieren
Citing

Der Autor / Die Autorin ist der Meinung, dass ...	The author's view is that ...
Um [Name] zu zitieren: „ ... "	To quote [Name]: " ... "
In / Nach den Worten von [Name]: „ ... "	In the words of [Name]: " ... "
[Name] schreibt in seinem / ihrem Aufsatz / Buch [Titel] ...	In his / her essay / book, [Name] writes that ...
[Name] weist darauf hin / behauptet / bemerkt, dass ...	[Name] points out / maintains / observes that ...
[Name] stellt in seinen / ihren Veröffentlichungen wiederholt die These auf, dass ...	In his / her publications / published works, [Name] repeatedly puts forward the theory that ...
Wie [Name] erwähnte / sagte / bemerkte ...	As [Name] mentioned / remarked / observed ...
Was der Minister gesagt hat, sei hier zitiert: „ ... "	As the minister said, and I quote " ... ", end of quote.
Im Leitartikel des Guardian vom 14.02.2008 wird ein wichtiger Aspekt angesprochen.	An important issue is addressed in the Guardian leader / editorial of 14.02.2008.

Argumentieren

Auf Seite 26 des Buches [Titel] von [Name] aus dem Jahr 2003 finden wir folgende Bemerkung: ...	On page 26 of the book [Title] by [Name], published in 2003, we find the following comment: ...
Hiermit darf die These von [Name] als widerlegt gelten, dass ...	With these words we may consider that the theory of [Name] on ... has been refuted.
Eine unbelegte Behauptung, die von [Name] in den Medien immer wieder verbreitet wird.	An unsubstantiated assertion that is repeatedly made in the media by [Name].
[Name] ließ verlautbaren ...	[Name] has let it be known ...

Eine persönliche Meinung angeben
Expressing a personal opinion

Meiner Meinung nach ...	In my opinion ...
Meines Erachtens / Aus meiner Sicht ...	In my view ...
Ich denke / glaube ...	I feel / believe ...
Ich vermute ...	I suppose / assume ...
Ich bin der Meinung / der Auffassung, dass ...	I am of the view / opinion that ...
Ich persönlich bin der Meinung, dass ...	Personally, I believe that ... / My own view is that ...
Was mich betrifft ...	As far as I am concerned ...
Es steht für mich unzweifelhaft fest, dass ...	As far as I am concerned there is no doubt that ...
Ich halte es für sehr wahrscheinlich, dass ...	I think it very likely / probable that ...
Es scheint mir, dass ...	It seems to me that ...

Eine persönliche Bewertung ausdrücken
Giving a personal assessment

bedauerlicherweise / leider	regrettably / unfortunately
Was es noch schlimmer macht ...	What makes things / matters even worse ...
Es ist beunruhigend / erschreckend ...	It is disturbing / alarming ...
Es überrascht ...	It is surprising ...
erstaunlicherweise / seltsamerweise	astonishingly / oddly enough
glücklicherweise / erfreulicherweise	happily / fortunately

I. Texte richtig schreiben

Die öffentliche Meinung zitieren
Citing public opinion

Es ist allgemein bekannt / gehört zum Allgemeingut, dass ...	It is generally known / common knowledge that ...
Oft hört man die Ansicht, dass ...	We frequently hear the view that ...
Viele meinen / glauben ...	Many people think / believe ...
Die Mehrheit ist der Meinung, dass ...	Most people are of the opinion that ...
Bisher wurde immer davon ausgegangen, dass ... Ich halte diese Annahme jedoch für falsch, da ...	Up to now it has been assumed that ... but I consider this assumption to be mistaken, because ...
Es wird allgemein angenommen / vermutet, dass ...	It is generally assumed / supposed that ...
Die meisten von uns glauben / gehen davon aus, dass ...	Most of us believe / assume that ...
Die öffentliche Meinung ist für ...	Public opinion is in favour of ...
Die öffentliche Meinung ist gegen ...	Public opinion is not in favour of / against ...
Es herrscht eine starke Tendenz dies so zu sehen.	There is a strong tendency to look at it in this way.
In wissenschaftlichen / informierten / politischen Kreisen geht man davon aus, dass ...	In scientific / informed / political circles, it is assumed that ...
Es wird in letzter Zeit häufig / kontrovers diskutiert, ob ...	There has been much / controversial discussion recently as to whether ...
Die Stimmung ist angespannt / aufgeheizt / kühl / freundlich.	The atmosphere is tense / heated / chilly / friendly.
Eine von den Medien kolportierte / verbreitete Meinung.	An opinion that is disseminated / spread by the media.
Dieser Irrglaube ist allgemein verbreitet.	This erroneous belief is one that is very widely held.

Argumentieren

Einräumen
Conceding

zugegeben(ermaßen)	admittedly
obwohl / obgleich	although / even though
wenn auch	even if
schließlich	after all / ultimately
nichtsdestoweniger	nonetheless
trotz	in spite of / despite
trotzdem	nevertheless / all the same
jedoch / aber	however
hingegen	on the contrary
allerdings	although / but
dennoch	all the same / nonetheless / yet
Im Großen und Ganzen stimme ich dem zu, aber ...	On the whole I agree, but ...
Bis zu einem gewissen Punkt ...	Up to a point ...
Ich möchte dennoch zu bedenken geben, dass ...	However, I would like you to consider that ...
Die Tatsache bleibt, dass ...	The fact remains that ...
Es ist sicherlich richtig, dass ...	It is certainly correct that ...

Verallgemeinern
Generalizing

im Allgemeinen / normalerweise / in der Regel	generally / normally / usually
Dies lässt sich übertragen auf ... / verallgemeinern.	This can be extended to ... / applied in a general sense.
Generell lässt sich sagen, dass ...	In general, it can be said that ...
Dies gilt nicht nur für ... sondern auch ...	This applies not only to ... but also to ...
Dies gilt allgemein.	This is generally true. / Generally speaking this is true.
Für die große Mehrheit ...	For the great majority ...

I. Texte richtig schreiben

Zusammenfassen
Summarizing

Zusammenfassend lässt sich sagen ...	In summary, we can say ...
Alles in allem / Insgesamt ...	All things considered / Overall ...
Kurz gesagt ...	In brief / Briefly ...
Unter dem Strich ...	On balance ...
Um es auf den Punkt zu bringen ...	In a nutshell ...
Ich möchte das Wesentliche noch einmal zusammenfassen.	I would like to summarize the most important points once more.
Ganz wesentlich / wichtig ist hier ...	The most significant / important issue here is ...

Schlussfolgerungen ziehen
Drawing conclusions

deswegen / deshalb	for this / that reason
aufgrund dessen	because of
Hieraus lässt sich schließen / ersehen ...	From this we can conclude / see ...
Hier zeigt sich, dass ...	It can be seen here that ...
Ich komme zu folgendem Schluss ...	I arrive at the following conclusion ...
Es ergeben sich folgende Schlussfolgerungen / Konsequenzen ...	The following conclusions are the result ...
Als Konsequenz ergibt sich für mich ...	For my part, the conclusion is ...
Als Fazit lässt sich ziehen ...	The conclusion we may draw ...
Es hat sich herauskristallisiert / deutlich gezeigt, dass ...	It has clearly emerged / become apparent that ...
Hieraus ergibt sich zwangsläufig ...	The inescapable / inevitable conclusion ...
Nach sorgfältiger Abwägung der Argumente lässt sich sagen, dass ...	After carefully weighing up the arguments, it can be said that ...
Im Großen und Ganzen ...	On the whole ...
Wenn man alles in Erwägung zieht ...	All things considered ...
Es kann kein Zweifel bestehen ...	There can be no doubt ...
Die Fakten lassen nur einen Schluss zu ...	The facts permit only one conclusion (to be drawn) ...

Meinungen ausdrücken

Persönliche Meinungen angeben
Expressing personal opinions

Meiner Meinung / Ansicht nach …	In my opinion / view …
Meines Erachtens …	In my opinion / view …
Meiner Überzeugung nach …	I am convinced that …
Ich glaube / denke / vermute / meine, dass …	I believe / think / presume / am of the opinion that …
Ich bin	I am
der Ansicht / der Auffassung, dass …	of the view that …
der Meinung, dass …	of the opinion that …
Ich stehe auf dem Standpunkt, dass …	My view is that …
Was mich betrifft, bin ich der Auffassung, dass …	As far as I am concerned, I am of the view that …
Ich persönlich halte dies für unwahrscheinlich / überzeugend / richtig.	I myself consider this to be unlikely / convincing / correct.
Ich bin überzeugt, dass …	I am convinced that …
Es steht für mich unzweifelhaft fest, dass …	In my view there is / can be no doubt that …
Ich halte es für sehr wahrscheinlich / äußerst unwahrscheinlich, dass …	I think it very probable / highly unlikely that …

Die Meinung eines anderen angeben
Presenting another point of view

Laut / Nach [Name] …	According to [Name] …
[Name] zufolge …	According to [Name] …
[Name]	[Name]
sagt / schreibt …	says / writes …
meint / glaubt / vermutet …	thinks / believes / supposes …
behauptet …	maintains …
gibt an …	states …
ist der Meinung / Auffassung, dass …	is of the opinion / view that …
betont …	stresses …
plädiert für / gegen …	makes a case in favour of / against …
Es wird allgemein angenommen / vermutet, dass …	It is generally accepted / assumed that …
Es kann kein Zweifel bestehen, dass …	There can be no doubt that …

I. Texte richtig schreiben

Viele meinen / glauben, dass …	Many people think / believe that …
Die öffentliche Meinung ist für / gegen …	Public opinion is in favour of / against …
Die Stimmung ist aufgeheizt / kühl / freundlich.	The atmosphere is heated / chilly / friendly.
Es herrscht ein starke Tendenz dies so zu sehen.	There is a strong tendency to see it this way.
In wissenschaftlichen / informierten / politischen Kreisen geht man davon aus, dass …	In scientific / informed / political circles, it is assumed that …

Zustimmung ausdrücken
Indicating agreement

Ich stimme mit dem Autor / der Rednerin / der Dichterin überein.	I agree with the author / speaker / poet.
Ich stimme [Name] zu, wenn er /sie sagt / schreibt, dass …	I agree with [Name] when he / she says / writes that …
… findet meine volle Zustimmung.	… meets with my wholehearted / complete approval.
Dem schließe ich mich an.	I agree with that.
Dagegen ist nichts einzuwenden.	There can be no objection(s) to that.
Der Autor / Die Autorin	The author
stellt völlig zu Recht fest, dass …	quite rightly states that …
hat sicherlich Recht, wenn er / sie sagt …	is certainly correct in saying …
Ich schließe mich in diesem Punkt der Auffassung / Argumentation von [Name] an.	On this point I agree with the view / arguments put forward by [Name].
Noch ein weiterer Punkt spricht für diese Auffassung.	There is yet another point in favour of this view.
Der Redner / Die Rednerin legt überzeugend dar, dass …	The speaker carries conviction in his / her statement that …
Ich halte die Auffassung / Argumentation für plausibel / überzeugend.	I consider this view / argument to be a plausible / convincing one.
Die Argumentation ist (absolut) überzeugend / plausibel / einleuchtend.	The arguments are (completely) convincing / plausible / obvious.
Das ist ein schlagkräftiges / stichhaltiges / überzeugendes Argument.	That is a powerful / solid / convincing argument.
Auch dies spricht für / unterstützt die Auffassung von [Name].	This, too, favours / supports [Name]'s view.

Meinungen ausdrücken

Ablehnung ausdrücken
Indicating disagreement

Ich stimme mit dem Autor / der Rednerin / der Dichterin nicht überein.	I do not agree with the author / speaker / poet.
Ich kann die Auffassung von [Name] nicht teilen.	I am unable to share [Name]'s view.
Ich stimme [Name] nicht zu, wenn er / sie sagt / schreibt, dass ...	I do not agree with [Name] when he / she says / writes that ...
Der Redner / Die Rednerin kann nicht überzeugen, wenn er / sie sagt, dass ...	The speaker is unable to convince / persuade (us) when he / she says that ...
... überzeugen mich nicht.	... do not convince me.
Ich halte diese Argumentation für falsch.	I consider this argument to be false.
Die Argumentation ist	The arguments are
(sehr) fragwürdig.	(highly) questionable.
(sehr) zweifelhaft.	(very) doubtful.
(sehr) umstritten.	(greatly) disputed.
nicht stichhaltig.	untenable.
inakzeptabel.	unacceptable.
nicht zwingend.	not compelling.
nur auf den ersten Blick überzeugend.	only convincing at first glance.
zu oberflächlich.	too superficial.
Das Argument	The argument
ist wenig überzeugend.	carries little conviction.
verfälscht die Tatsachen.	manipulates the facts.
greift zu kurz.	doesn't go far enough.
Ich habe dagegen einiges einzuwenden.	I have one or two objections to that.
Noch ein weiterer Punkt spricht gegen diese Auffassung.	There is yet another point against this view.
Hier lässt sich jedoch einwenden, dass ...	However, the objection can be made here that ...
Dies stimmt nicht immer / notwendigerweise.	This is not always / not necessarily true.
Ich stehe dem skeptisch gegenüber.	I am sceptical about it.
Ich bezweifle das.	I doubt that.
Ich lehne diese Argumentation / Auffassung ab.	I refute / reject this argument / view.
Davon halte ich nichts.	I don't think much of that.

I. Texte richtig schreiben

Verallgemeinern
Generalizing

im Allgemeinen	generally speaking
in der Regel	normally / as a general rule
im Großen und Ganzen	on the whole
grundsätzlich / im Grunde	basically / essentially
generell	in general
meistens / größtenteils	for the most part / in the main
alles in allem	all things considered
im Normalfall / normalerweise	normally / under normal circumstances
Prinzipiell lässt sich sagen …	In principle, it can be said …
Dies lässt sich auch übertragen auf …	This can be extended to …

Kurz und knapp
Being brief

Zusammenfassend lässt sich sagen …	In summary, it can be said / we can say that …
kurz (gesagt) / kurzum	in brief / in short
im Wesentlichen	essentially / in essence
um es kurz zu machen / einfach zu sagen	to put it briefly / in simple terms
einfach ausgedrückt	to put it simply
Das lässt sich auf folgende / die knappe Formel bringen: …	This can be reduced to the following / to the simple formula: …
auf den Punkt gebracht …	in a nutshell …
Als Fazit lässt sich ziehen …	To sum up …
die Quintessenz	the quintessence / bottom line

Meinungen ausdrücken

Unerwartetes ausdrücken
Expressing the unexpected

erstaunlicherweise / verblüffenderweise	surprisingly / amazingly
seltsamerweise / merkwürdigerweise	strangely enough / remarkably
unvorstellbarerweise	inconceivably
Es ist bemerkenswert / ungewöhnlich / auffallend, dass ...	It is notable / unusual / noticeable that ...
Es ist atypisch, dass ...	It is atypical / exceptional that ...
Diese Argumentation überrascht.	This is a surprising line of argument.
Ich war erstaunt festzustellen, dass ...	I was amazed to see / note that ...
Zu meinem Erstaunen / Zu meiner Überraschung ...	To my amazement / surprise ...
Es / Daran fällt auf, dass ...	It is evident (here) that ...
Es springt ins Auge, dass ...	It is obvious that ...
Ich musste mit Befremden feststellen, dass ...	I was disconcerted to note / see / realize that ...

Gemäß den Erwartungen
As expected

erwartungsgemäß	according to expectations / as expected
wie erwartet	as expected
natürlich / selbstverständlich	naturally / of course
typischerweise / vorhersehbarerweise	typically / predictably
zwangsläufig	inevitably
Das ist typisch / charakteristisch für ...	That is typical / characteristic of ...
Diese Entwicklung war abzusehen / vorauszusehen / unvermeidlich.	This development was foreseeable / predictable / inevitable.
Es braucht nicht besonders erwähnt zu werden, dass ...	There is no need to mention that ...
Die Feststellung kann nicht überraschen.	These findings are not surprising.
Diese Einstellung ist bezeichnend.	This attitude is significant.

I. Texte richtig schreiben

Ursachen angeben
Expressing cause

daher / deshalb / deswegen	hence / therefore / for that reason
weil	because
da	since
wegen	because
aufgrund von	because of / owing to
bedingt durch / infolge von	as a result of / as a consequence of
Der Grund, warum ...	The reason why ...
Die Ursache von / für ...	The cause of ...
Ein Grund dafür ist ...	One reason is that ...
Aus diesem / demselben Grund ...	For this / the same reason ...
Der wichtigste Grund ist wohl ...	Probably the most important reason is ...
Dies kommt durch ... / resultiert aus ...	This comes as a result of ... / results from ...

Konsequenzen angeben
Expressing effect

daher	hence
dadurch	as a result
deshalb	therefore
infolgedessen	accordingly
folglich	consequently
somit	thus
aus diesem Grund	for this reason
Daraus resultiert / folgt ...	This has the effect of ... (+ ing) / This results in ...
Daraus ergibt sich Folgendes: ...	The result of this is as follows: ...
Die Folge / Konsequenz ist ...	The result / consequence is ...
Eine Folge / Die logische Folge davon ist ...	One result / The logical result of this is ...

Ursache und Wirkung beschreiben

… hat zur Folge, dass …	… results in …
Das legt nahe …	This suggests …
Als Ergebnis lässt sich festhalten, dass …	As a result, it can be seen that …
Dies lässt folgenden Schluss zu: …	This permits the following conclusion (to be drawn): …
Als Konsequenz daraus ergibt sich …	In consequence, the result / outcome is …
Als Fazit lässt sich ziehen …	The conclusion that can be drawn is …

Ursache und Konsequenz verbinden
Connecting cause and effect

Dies führt zu / resultiert in / verursacht …	This leads to / results in / is the cause of …
Das Ergebnis kommt durch … zustande.	The result / outcome arises from …
Diese Tatsache resultiert aus …	This fact is the result of …
Das ist ein Ergebnis / eine Folge von …	This is a result / consequence of …
Dies ist eine Konsequenz aus …	This is a consequence of …

I. Texte richtig schreiben

Ähnlichkeiten aufführen
Comparing

wie / so wie	as / just as
ähnlich (wie)	similarly (to)
in ähnlicher Weise	similarly
analog	in the same way
entsprechend	accordingly
im Vergleich mit / zu	in comparison with
verglichen mit	compared with
Wenn man X mit Y vergleicht ...	If we compare X to / with Y ...
Sowohl X als auch Y ...	Both X and Y ...
Im Verhältnis zu ...	In relation to ...
... ist vergleichbar mit ...	... is comparable to ...
... ist genau wie / ähnelt ...	... is the same as / similar to ...
... sind vergleichbar / sehr ähnlich.	... are comparable / very similar.
Es handelt sich um denselben Fall wie ...	The situation is / The circumstances are the same as ...
Die beiden sind gleichwertig.	Both are of equal value.
Es gibt kaum Unterschiede zwischen ...	There is very little difference between ...
In dieser Hinsicht ähnelt es stark ...	In this respect it strongly resembles ...
Es erinnert an ...	It is reminiscent of ...
Das weckt Assoziationen mit ...	This brings to mind ...
Diese beiden Vorfälle haben etwas / viel gemeinsam.	The two incidents / events have something / a lot in common.
Es gibt starke Parallelen / Übereinstimmungen zwischen ...	There are strong parallels / There is consistency between / among ...
Das ist kaum von ... zu unterscheiden.	There is very little to set it apart from ...
Die Fälle haben viel gemeinsam / große Ähnlichkeiten.	The situations / cases have much in common / are very similar.
Die Parallelität ist augenfällig.	The similarities are striking.
Dies trifft gleichermaßen auf ... wie (auf) ... zu.	This applies equally / in equal measure to ... as it does to ...

Vergleichen

Unterschiede aufführen
Contrasting

während	while
einerseits ..., andererseits ...	on the one hand ... on the other (hand) ...
auf der einen Seite ..., auf der anderen Seite ...	on the one hand ... on the other (hand) ...
hingegen	on the contrary
wogegen	contrary to which
jedoch	however
umgekehrt	conversely
allerdings	although / however
nichtsdestotrotz	nevertheless
im Gegensatz zu	in contrast to
ganz anders als	unlike
Das steht im krassen Gegensatz zu ...	This is in stark contrast to ...
Das ist das genaue Gegenteil von ...	This is exactly the opposite of ...
Die beiden sind nicht vergleichbar.	The two are not comparable.
Das hieße, Äpfel mit Birnen zu vergleichen.	That would be comparing apples with oranges.
Die Fälle haben nichts gemeinsam / sind nicht zu vergleichen / weißen große Unterschiede auf.	The situations have nothing in common / are not comparable / are very different.
Die Fälle unterscheiden sich deutlich / spürbar.	There are noticeable / marked differences between the situations.
Dazwischen liegen Welten.	They are poles apart.
Man kann ... und ... nicht vergleichen.	You cannot compare ... to / with ...
... und ... kann man nicht einfach miteinander vergleichen.	There's no comparison between ... and ...
Das ist noch ganz weit entfernt von ...	That is still far / a long way from ...
Das hat nichts miteinander zu tun.	These have nothing to do with each other.
Hier muss man differenzieren.	We must make distinctions here.

I. Texte richtig schreiben

Was ... von ... unterscheidet ...	What differentiates ... from ...
Diese beiden Sachen muss man auseinanderhalten.	We must keep these two issues separate.
Sie grenzen sich gegeneinander ab.	They are distinct from one another.
... ist das genaue Gegenteil von ...	... is the exact opposite of ...

Bezüge herstellen
Making references

in Bezug auf / im Hinblick auf	with reference to / with regard to
hinsichtlich	in respect of
Was ... betrifft / anbelangt ...	As far as ... is concerned ...
Der Autor / Die Autorin bezieht sich auf ...	The author is referring to / makes reference to ...
Ich möchte an dieser Stelle an ... anknüpfen.	At this point I would like to take up ...
Dies hängt mit ... zusammen.	This is linked to ...
Wenn man berücksichtigt, dass ...	When we take into account that ...
Man sollte dies miteinbeziehen.	This should be included.

Wahrscheinlichkeitsgrade ausdrücken

Gewissheit
Certainty

Offensichtlich ...	Obviously ...
Erwiesenermaßen / Nachweislich ...	As has been proved / Demonstrably ...
Es gilt als erwiesen, dass ...	It has been proven that ...
Die Wissenschaft sieht dies als bewiesen an.	Science regards this as having been proved.
Es steht zweifelsfrei / unzweifelhaft fest, dass ...	It is without doubt / undoubtedly certain that ...
Es versteht sich von selbst, dass ...	It is self-evident that ...
Man kann mit Sicherheit sagen, dass ...	We can say with certainty that ... / We know for certain / sure that ...
Es ist eine Tatsache, dass ...	It is a fact that ...
Es steht in der Tat fest, dass ...	It is in fact / indeed certain that ...
Das ist eine Tatsache.	That is a fact.
Es ist klar, dass ...	It is clear that ...
Es steht außer Frage, dass ...	It is beyond question that ...
Es steht außer Zweifel, dass ...	It is beyond / There is no doubt that ...
Es lässt sich nicht abstreiten, dass ...	It cannot be denied / It is undeniable that ...
Es lässt sich nicht vermeiden, dass ...	It is inevitable that ...
Es ist nicht von der Hand zu weisen, dass ...	It cannot be denied that ...
Es ist doch / tatsächlich so, dass ...	It is indeed / in fact the case that ...
Das ist sicherlich / definitiv so.	That is certainly / definitely so / the case.
Wie man sehen kann ...	As we can see ...

Überzeugung
Conviction

Ich bin überzeugt / der Überzeugung, dass ...	I am convinced that ...
Es entspricht meiner festen Überzeugung, dass ...	It is my firm belief that ...
Ich bin sicher, dass ...	I am certain / sure that ...
Es steht für mich fest, dass ...	It is clear to me that ...
Der Autor / Die Autorin legt glaubhaft / überzeugend dar, dass ...	The author makes a plausible / convincing case for the fact that ...

I. Texte richtig schreiben

Wahrscheinlichkeit
Probability

Vermutlich ...	Presumably ...
Wahrscheinlich / Höchstwahrscheinlich ...	Probably / Very probably ...
Voraussichtlich ...	Probably ...
Aller Wahrscheinlichkeit nach ...	In all probability / likelihood ...
Ich vermute / glaube / gehe davon aus, dass ...	I suppose / believe / assume that ...
Es ist zu erwarten / anzunehmen, dass ...	It is to be expected / assumed that ...
Es steht zu erwarten, dass ...	It may be expected that ...
Ich halte es für wahrscheinlich / realistisch, dass ...	I think it likely / realistic that ...
Ich rechne mit ...	I expect ...
Es ist mit ... zu rechnen.	... is to be expected.
Es könnte sehr wohl sein, dass ...	The chances / odds are that ...

Annahme
Assumption

Es ist anzunehmen, dass ...	It is to be assumed that ...
Man kann davon ausgehen, dass ...	We can assume that ...
Es scheint (so zu sein), dass ...	It would appear that ...
Es weist vieles darauf hin, dass ...	There are many indications that ...
Es steht zu vermuten, dass ...	It may be supposed that ...
Die Hinweise darauf verdichten sich.	There are growing indications for this.
Vieles deutet darauf hin, dass ...	Many things / aspects indicate that ...
Es besteht Grund zu der Annahme, dass ...	There is reason to believe that ...

Vermutung
Supposition

Vermutlich ...	Presumably ...
Wahrscheinlich ...	Probably ...
Ich nehme an / vermute, dass ...	I assume / presume that ...
Das ist auf jeden Fall eine Möglichkeit.	That is most certainly possible.
Ich halte das nicht für ausgeschlossen.	I don't think that is out of the question.

Wahrscheinlichkeitsgrade ausdrücken

Möglichkeit
Possibility

Möglicherweise / Eventuell / Vielleicht ...	Possibly / Maybe / Perhaps ...
Gegebenenfalls ...	If necessary ...
Es besteht die Möglichkeit / eine geringe Möglichkeit, dass ...	There is a possibility / a small chance that ...
Es ist (durchaus) denkbar, dass ...	It is (quite) possible / conceivable that ...
Es ist nicht auszuschließen, dass ...	We cannot rule out the possibility that ...
Es kann / könnte sein, dass ...	It may be that ... / It is possible that ...
Dies könnte zu ... führen.	This could result in ...
Unter Umständen ...	Possibly / Maybe / Perhaps ...
Wir sollten auch diese Möglichkeit bedenken.	We should also take this possibility into consideration.

Unsicherheit
Uncertainty

Eventuell ...	Maybe ...
Es könnte sein, dass ...	It may be that ...
Vielleicht ..., aber ...	Perhaps ..., but ...
Es ist nicht sicher, ob / dass ...	It is not certain whether / that ...
Es steht nicht zweifelsfrei / eindeutig fest, ob / dass ...	It is not undoubtedly / completely certain whether / that ...
... ist jedoch mit Vorsicht zu genießen.	..., however, should be used / viewed with caution.
Die Faktenlage gibt dies nicht eindeutig her.	The facts do not give a conclusive picture.
Dies sind nur vorsichtige / vorläufige Schätzungen.	These are just cautious / provisional estimates.
Dies ist jedoch nicht gesichert / belegt.	However, this has not been ascertained / proved.
Dies ist noch in der Schwebe / nicht entschieden.	This is still undecided.

I. Texte richtig schreiben

Unwahrscheinlichkeit
Improbability

Es ist	It is
unwahrscheinlich, dass ...	unlikely that ...
fraglich / zweifelhaft, ob ...	questionable / doubtful whether ...
umstritten, ob ...	a moot point whether ...
Das bleibt dahingestellt.	That remains an open question / to bee seen.
Es ist kaum / nicht zu erwarten, dass ...	We can hardly / cannot expect that ...
Es ist so gut wie ausgeschlossen, dass ...	It is virtually out of the question that ...
Es ist kaum anzunehmen, dass ...	It can hardly be assumed that ...
Es ist nicht damit zu rechnen, dass ...	It cannot be expected that ...

Zweifel
Doubt

Ich bezweifle, dass ...	I doubt that / if ... / It is doubtful whether ...
Es ist zweifelhaft / fraglich / unklar, ob ...	It is doubtful / debatable / not clear whether ...
Es bestehen ernsthafte Zweifel an ...	There are serious doubts as to / concerning ...
Ich bin nicht überzeugt, dass ...	I'm not convinced that ...
Hier erscheint Skepsis angebracht.	A degree of scepticism would seem appropriate here.
Diese Schilderung ist äußerst fragwürdig / zweifelhaft.	This report is highly questionable / very dubious.
Dies ist mit Vorsicht zu genießen.	This should be viewed with caution.

Unmöglichkeit
Impossibility

Es ist	It is
ausgeschlossen ...	out of the question ...
unmöglich ...	impossible ...

Wahrscheinlichkeitsgrade ausdrücken

utopisch ...	utopian / fanciful ...
undenkbar ...	inconceivable ...
unrealistisch ...	unrealistic ...
unvorstellbar ...	unthinkable ...
... ist nicht möglich.	... is not possible.
Davon kann keine Rede sein.	There can be no question of it / this.
Diese Möglichkeit kann man ausschließen.	We can rule out this possibility.
Es besteht keine Chance, dass ...	There is no question of ... (+ing)
Es besteht nicht die geringste Möglichkeit, dass ...	There is absolutely no chance / not the remotest chance that ...

Schein
Appearance

Es scheint / erscheint ...	It seems / appears ...
Es sieht aus, als ob ...	It looks as if ...
Es sieht ... aus, aber die Wahrheit ist, dass ...	It looks ..., but the truth is that ... / but in fact ...
Es erweckt / macht den Eindruck, dass ...	It creates / gives the impression that ...
Es hat den Anschein, als wäre ...	It has the appearance of being ...
Es kommt mir vor, als ob ...	It seems to me as if ...
Ich habe / bekomme den Eindruck, dass ...	I have / get the impression that ...
Auf den ersten Blick ...	At first glance ...

Realität
Reality

Es ist unbestreitbar, dass ...	It is undeniable that ...
Die Situation ist nicht, wie sie scheint.	The situation is not what it appears (to be).
Die Realität / Wahrheit ist, dass ...	The reality / truth is that ...
In Wirklichkeit / Wahrheit ...	In reality / In actual fact ...
Es gibt starke / klare Anzeichen, dass ...	There are strong / clear indications that ...
Da steckt mehr dahinter.	There is more to this than meets the eye.

I. Texte richtig schreiben

Betonen
Emphasizing

absolut / völlig	absolutely / totally
besonders / insbesondere	especially / in particular
vor allem	most of all
in erster Linie	primarily
hauptsächlich	principally
auf jeden Fall / auf gar keinen Fall	in any case / under no circumstances whatsoever
in der Tat / tatsächlich	in fact / actually
unter allen / keinen Umständen ...	at all events / under no circumstances
genau das	precisely
offen / ehrlich gesagt	frankly / to be honest
nicht nur ..., sondern auch ...	not only ... but also ...
Es ist eindeutig der Fall, dass ...	It is quite obvious that ...
Ich möchte	I should / would like
bekräftigen, dass ...	to confirm that ...
betonen, dass ...	to stress / emphasize that ...
unterstreichen, dass ...	to underline (the fact) that ...
deutlich machen, dass ...	to make it clear that ...
Ich messe diesem Punkt (eine) große / hohe Bedeutung bei.	This is in my view a particularly significant point.
Ich möchte diesen Punkt besonders herausstellen / hervorheben.	I would like to put particular emphasis on / draw particular attention to this point.
Der Autor / Die Autorin betont wiederholt, dass ...	The author repeatedly stresses that ...
Maßgeblich für diese Textstelle ist ...	The significant point in this passage is that ...
Lassen Sie mich klarstellen, dass ...	Let me make it clear that ...
Hier ist besonders wichtig, dass ...	It is especially important here that ...
Ich würde sogar sagen / behaupten, dass ...	I would go as far as to say / contend that ...

Betonen und abmildern

Ich möchte besonders / ausdrücklich darauf hinweisen, dass …	I would particularly like to point out that …
Es fällt auf, dass …	It is notable that …
Das ist umso bemerkenswerter als …	This is all the more remarkable in that …
Dies gilt umso mehr, als …	This is even more true in that …
Wenn …, so liegt das an … und nicht an …	If …, (then) this is due to … and not to …
Von Reue zeigt der Protagonist keine Spur – im Gegenteil.	The main character shows no sign of remorse – on the contrary.

Abmildern
Toning down

eher	more likely / rather
Man kann eher behaupten, dass …	It would be truer / more appropriate to say that …
mehr oder weniger	more or less
teilweise	partly / in part
zu einem gewissen Grad	to a certain extent
nicht ganz	not entirely
Man sollte allerdings berücksichtigen / bedenken, dass …	One / We must consider / remember, however, that …
Man sollte jedoch beachten, dass …	One / We must bear in mind, however, that …
Ohne ein vorschnelles Urteil fällen zu wollen …	Without wishing to pass judgement too hastily …
Ohne jemandem zu nahe treten zu wollen …	Without wishing to offend anyone / give offence …
Ohne den Verfasser kritisieren zu wollen …	Without wishing to criticize the writer …
Der Fairness halber muss gesagt werden, dass …	In all fairness, it has to be said that …
Bei aller gebotenen Vorsicht …	With all due care / caution …
Dies ist nicht ganz von der Hand zu weisen …	This cannot be denied / is undeniable …
Das soll nicht heißen, dass …, sondern vielmehr, dass …	This doesn't mean (to say) that …, but means instead that …
Es wäre ungerecht / unfair / übertrieben / unangebracht …	It would be unjust / unfair / an exaggeration / inappropriate …

I. Texte richtig schreiben

Allgemeine Informationen
General information

Er / Sie ist	He / She is
männlich / weiblich.	male / female.
jung / mittleren Alters / älter / alt / jung geblieben.	young / middle-aged / elderly / old / young at heart.
25 Jahre alt / ein Mann im besten Alter.	25 years old / a man in his prime.
Waise.	an orphan.
verheiratet / ledig / geschieden / verwitwet.	married / single / divorced / widowed.
ein Kind / ein Jugendlicher / ein Erwachsener.	a child / a young person / an adult.
Engländer(in) / Deutsche(r) / Amerikaner(in).	English / German / American.
britischer Staatsbürger / britische Staatsbürgerin.	a British citizen.
schwarz / weiß.	black / white.
türkischer Herkunft / Abstammung.	of Turkish origin / descent.
Arzt / Lehrer / Naturwissenschaftlerin.	a doctor / teacher / scientist.
religiös / gläubig / Atheist / andersgläubig / ungläubig.	religious / devout / an atheist / of a different religion / a non-believer.
eine 30-jährige Frau	a 30-year-old woman
Er / Sie stammt (ursprünglich) aus ...	He / She comes (originally) from ...

Äußere Erscheinung
External appearance

Er / Sie ist	He / She is
überdurchschnittlich groß / groß / mittelgroß / klein.	of above average height / tall / of average height / small.
attraktiv / hübsch / schön / gutaussehend.	attractive / pretty / beautiful / good-looking.
unattraktiv / unscheinbar / eine graue Maus / hässlich.	unattractive / nondescript / a mouse / ugly.

Beschreiben

dick / fettleibig / stämmig / kräftig.	fat / obese / stocky / hefty.
dünn / schlank / zierlich / schlaksig / schmächtig.	thin / slim / delicate / gawky / of slight build.
blond / braunhaarig / rothaarig / schwarzhaarig / weißhaarig.	blond(e) / brown-haired / red-haired / dark-haired / white-haired.
blass / gebräunt.	pale / tanned.
modisch / altmodisch / schick / leger gekleidet.	dressed fashionably / in an old-fashioned way / stylishly / informally.
Er / Sie hat	He / She has
ein ebenmäßiges / faltiges / feingeschnittenes / gerötetes / zartes Gesicht.	a well-proportioned / wrinkled / fine-boned / flushed / dainty face.
große / grüne / weit auseinanderstehende Augen.	big / green / widely-spaced eyes.
eine lange Nase / platte Nase / spitze Nase / Hakennase / Stupsnase.	a long / flat / pointed / hooked / snub nose.
abstehende / große Ohren.	protruding / big ears.
einen großen / vollen / sinnlichen / geschwungenen Mund.	a large / full / sensuous / curved mouth.
ein energisches / fliehendes / spitzes Kinn.	a thrusting / weak / pointed chin.
einen hellen / blassen / dunklen Teint.	a clear / pale / dark complexion.
einen verträumten / klaren / durchdringenden / offenen / sanften Blick.	a faraway / clear / penetrating / frank / gentle gaze.
Locken / glatte Haare / lange Haare / schütteres Haar / eine Glatze.	curls / straight hair / long hair / sparse hair / a bald head.
eine laute / leise / (un)angenehme / sonore / dünne / raue / samtige Stimme.	a loud / soft / (un)pleasant / sonorous / thin / rough / velvety voice.
Sommersprossen / Pickel / Grübchen / Narben.	freckles / acne / dimples / scars.
eine gute / tolle / stattliche / schlanke Figur.	a good / great / portly / slim figure.
Er / Sie hat rote Schuhe / eine graue Jacke an.	He / She is wearing red shoes / a grey jacket.
Er / Sie sieht gut / schlecht / sportlich / sympathisch / südländisch / gestresst / krank / müde aus.	He / She looks good / unwell / athletic / likeable / Mediterranean / stressed-out / ill / tired.
Er / Sie wirkt entschlossen / fröhlich / verstört / zufrieden / zurückhaltend / gut gelaunt.	He / She looks as if they are decisive / cheerful / agitated / contented / reserved / in a good mood.
Er / Sie macht einen netten / verschlossenen Eindruck.	He / She seems pleasant / reserved.

I. Texte richtig schreiben

Charaktereigenschaften
Character traits

Er / Sie	He / She
ist sehr engagiert / höflich / pingelig.	is very committed / polite / fussy.
hat viele positive Charakterzüge.	has many positive character traits.
hat eine wunderbare / einzigartige / starke Persönlichkeit.	has a wonderful / inimitable / strong personality.
hat ein sonniges / sanftes Gemüt.	has a sunny / mild disposition.
ist von hoher / wacher / durchschnittlicher / überlegener Intelligenz.	is highly / keenly intelligent / of average / superior intelligence.
neigt zu Wutausbrüchen / verliert schnell die Fassung.	tends to lose his / her temper.
hat ein Talent für / zu …	has a talent for …
Man könnte ihn / sie als … beschreiben.	You could describe him / her as …
Er / Sie beschreibt sich selbst als …	He / She describes himself / herself as (being) …

Wichtige Adjektive für die Personenbeschreibung

anmutig	graceful	≠	schwerfällig	clumsy
anständig	decent, moral	≠	gemein	mean, rude
anziehend	attractive	≠	hässlich	ugly
			abstoßend	repulsive, disgusting
aufgeschlossen	open-minded	≠	verschlossen	secretive
			zurückhaltend	reserved, guarded
aufmerksam	attentive	≠	verträumt	dreamy
ausgeglichen	even-tempered	≠	launisch	moody, ill-tempered
			gestresst	stressed-out
begabt	gifted	≠	unbegabt	inept
bescheiden	modest	≠	eingebildet	conceited
			hochmütig	haughty, proud
			hochnäsig	snobbish, stuck-up
ehrgeizig	ambitious	≠	antriebslos	lacking in drive
ehrlich	honest	≠	unehrlich	dishonest
			durchtrieben	shifty

Beschreiben

einfühlsam	sympathetic	≠ ungerührt	unmoved
einsichtig	reasonable	≠ engstirnig	narrow-minded
fleißig	hard-working	≠ faul	lazy
friedlich	placid	≠ gewalttätig	violent
		streitsüchtig	quarrelsome
fröhlich	cheerful	≠ trübselig	gloomy
gefühlvoll	sentimental	≠ gefühlskalt	unfeeling, cold
gesprächig	chatty, talkative	≠ wortkarg	taciturn
gewissenhaft	conscientious	≠ nachlässig	sloppy
großzügig	generous	≠ geizig	mean
		kleinlich	petty, nitpicking
gut gelaunt	in a good mood	≠ übellaunig	bad-tempered
gutmütig	good-natured	≠ boshaft	spiteful
		hinterlistig	deceitful
intelligent	intelligent	≠ dumm	stupid
klug	clever	≠ dumm	stupid
lieb	nice, kind	≠ boshaft	spiteful
liebevoll	affectionate	≠ gefühlskalt	unfeeling
mutig	courageous, gutsy	≠ ängstlich	anxious
offenherzig	upfront	≠ listig	crafty
optimistisch	optimistic	≠ pessimistisch	pessimistic
reif	mature	≠ kindisch	childish, puerile
rücksichtsvoll	considerate	≠ rücksichtslos	inconsiderate
ruhig	calm	≠ hektisch	frantic
sanft(mütig)	gentle	≠ hart	hard, fierce
selbstlos	unselfish	≠ egoistisch	selfish, egotistical
selbstsicher	self-confident	≠ unsicher	insecure
sensibel	sensitive	≠ unsensibel	insensitive
souverän	confident	≠ unsicher	lacking self-confidence
sparsam	frugal	≠ verschwenderisch	wasteful, spendthrift
sympathisch	likeable, congenial	≠ unsympathisch	disagreeable
temperamentvoll	vivacious	≠ temperamentlos	spiritless
uneigennützig	altruistic	≠ egoistisch	egotistical
verständnisvoll	understanding	≠ verständnislos	unsympathetic
vertrauend	trusting	≠ misstrauisch	mistrustful, wary
verzeihend	forgiving	≠ rachsüchtig	vindictive
vorsichtig	careful	≠ leichtsinnig	careless, frivolous
warmherzig	warm-hearted	≠ kaltherzig	cold-hearted
zielstrebig	single-minded, determined	≠ ziellos	directionless

I. Texte richtig schreiben

Stellung
Position

Er / Sie ist	He / She is
hoch angesehen.	highly regarded.
ein Ausgestoßener.	an outcast.
wichtig / unbedeutend.	important / insignificant.
gebildet / ungebildet.	educated / uneducated.
reich / wohlhabend / arm.	rich / well-off / poor.
aus gutem Hause.	from a good family.
ist adelig / bürgerlich.	from the aristocracy / the middle classes.
ein Brahman / Unberührbarer.	a Brahmin / an untouchable.
Er / Sie	He / She
kommt aus einem gutbürgerlichen / ärmlichen / künstlerischen / kriminellen Milieu.	comes from a good middle-class / poor / artistic / criminal background.
stammt aus einem kleinbürgerlichen Elternhaus.	comes from a lower middle-class family.
gehört (nicht) dazu.	does (not) belong.
gehört zu den oberen Zehntausend.	is one of the top ten thousand.
lebt am Rande der Gesellschaft.	lives on the edge of society.
genießt hohes Ansehen.	is well respected.
wird diskriminiert / verachtet.	is discriminated against / despised.
gehört einer niedrigen / hohen Kaste an.	belongs to a low / high caste.

Funktion im Text
Literary function

Diese Figur spielt eine Hauptrolle / untergeordnete Rolle.	This character plays a leading / subordinate role.
Der Charakter ist ausgearbeitet / nicht ausgearbeitet.	The character is / is not developed.
Ihr Egoismus wird kontrastiert mit der Großzügigkeit der Heldin.	Her self-centredness is contrasted with the generosity of the heroine.
Seine Vergesslichkeit hat eine komische Funktion.	His forgetfulness has a comic purpose.

Beschreiben

Diese Figur ist der typische jugendliche Liebhaber / die typische jugendliche Heldin.	This character is the archetypal young lover / young heroine.
Das Zögern der Hamletfigur ist oft diskutiert worden.	Hamlet's indecision has been discussed many times.
Sein amoralisches Verhalten macht ihn zu einem Antihelden.	His amoral behaviour makes him an anti-hero.
Der Charakterfehler des tragischen Helden.	The character flaws of the tragic hero.
Diese Figur greift das Carpe-diem-Motiv / den Ödipusmythos auf.	This character picks up the carpe diem theme / the myth of Oedipus.

Beschaffenheit
Composition

Etwas ist	Something is
hart / weich.	hard / soft.
rau / glatt.	rough / smooth.
brüchig / zerbrechlich / fest / biegsam.	brittle / fragile / firm / flexible.
scharf / stumpf.	sharp / blunt.
flüssig / gasförmig / fest.	liquid / gaseous / solid.
heiß / warm / kalt / eisig.	hot / warm / cold / icy.
schwer / leicht.	heavy / light.
aus Holz / Metall / Knochen.	made of wood / metal / bone.
silbern / golden.	silver / gold(en).
Etwas ist aus ... gebaut / gemacht.	Something is built / made of ...

Form
Shape

Etwas ist	Something is
viereckig / quadratisch / rechteckig.	four-sided / square / rectangular.
ein Viereck / Quadrat.	a quadrilateral / square.
dreieckig / ein Dreieck.	triangular / a triangle.
rund / ein Kreis / oval.	round / circular / oval.
sternförmig.	star-shaped.
sternförmig angeordnet.	arranged in a star shape / radially.
Etwas hat eine quadratische Form.	Something is square in shape.

I. Texte richtig schreiben

Ort
Location

Ein Ort ist	A place is
abgeschieden / trostlos / gottverlassen.	isolated / bleak / godforsaken.
ruhig.	quiet / tranquil.
friedlich.	peaceful.
flach / bergig / hügelig.	flat / mountainous / hilly.
wild / karg / windgepeitscht.	rugged / barren / windswept.
bewaldet.	forested / wooded.
bezaubernd / herrlich / malerisch.	charming / beautiful / picturesque.
eine Küstenlage / ländliche Lage / städtische Lage	a coastal / rural / urban location
hohe / schneebedeckte Berge	high / snow-capped mountains
ein Sandstrand / Kieselstrand / von Palmen gesäumter Strand / menschenleerer Strand	a sandy / pebble / palm-fringed / deserted beach
hohe / steile / schroffe Klippen	high / sheer / rugged cliffs
ein dunkler / dichter / undurchdringlicher Wald	a dark / dense / impenetrable forest
der Weiler / das Dorf / die Stadt / die Großstadt	the hamlet / village / town / city
eine überfüllte / dicht besiedelte / belebte Stadt	a crowded / densely populated / busy city
ein verschlafenes / ruhiges Städtchen	a sleepy / quiet town
Die Landschaft / der Blick ist überwältigend / atemberaubend / dramatisch / herrlich.	The scenery / view is stunning / breathtaking / dramatic / glorious.
Etwas	Something
liegt direkt am Strand / malerisch inmitten eines Olivenhains.	is right on the beach / picturesquely situated in the middle of olive groves.
ist abgelegen.	is off the beaten track.
ist versteckt / nicht zu sehen.	is hidden from view.
befindet sich westlich von ... / etwa 20 km außerhalb von ... / am Ende der Welt.	is located to the west of ... / about 20 kms outside of ... / in the middle of nowhere.
Der erste Eindruck ist, dass ... / ist von ...	One's first impression is that ... / is of ...
Es erinnert einen an ...	It puts one in mind / is reminiscent of ...
Es ist die älteste Kirche / das höchste Plateau / der abgeschiedenste Ort der Welt.	It's the oldest church / highest plateau / remotest place in the world.

Beschreiben

Bilder und Comicstrips
Pictures and cartoons

der Fotograf / der Künstler / der Zeichner	the photographer / artist / illustrator
der Cartoon / der Comic(strip) / die Karikatur	the cartoon / comic strip / caricature
die Bildunterschrift	the caption
die Sprechblase / die Gedankenblase	the speech / thought bubble
Das Bild zeigt ... / stellt ... dar.	The picture shows ... / illustrates ...
Man kann ... erkennen / sehen.	... can be seen / made out.
Es ist ... abgebildet.	... is illustrated.
Der Blick wird auf ... gelenkt.	The eye is drawn to ...
Im Vordergrund / Hintergrund ...	In the foreground / background ...
In der Bildmitte ...	In the centre of the picture ...
der Fluchtpunkt	the vanishing point
Am oberen / unteren / rechten / linken Bildrand ...	At the top / bottom / right-hand / left-hand edge of the picture ...
In der rechten oberen / linken unteren Ecke ...	In the top right-hand / bottom left-hand corner ...
Die Figur ist scharf / unscharf.	The figure is clear / indistinct.
Der Hintergrund ist nur verschwommen zu sehen.	The background is visible only as a blur.
Man kann parallele Linien erkennen.	You / We / One can make out parallel lines.
Das Motiv wiederholt sich noch einmal / wird noch einmal aufgegriffen.	The subject is repeated / is taken up again.
die Farbgestaltung	the colour design
die Formgebung	the design / styling
die Botschaft	the message
Das Bild fängt eine fröhliche / bedrückende Stimmung ein.	The picture / image captures a happy / depressing mood.
Das Bild schafft eine düstere / merkwürdige Stimmung.	The picture / image creates a gloomy / remarkable mood.
Das Bild vermittelt dem Betrachter ein Gefühl / ein Eindruck von ...	The picture / image gives the viewer a feeling / an impression of ...
... lenkt die Aufmerksamkeit auf ...	... draws attention to ...
... ist ein Symbol von ...	... is a symbol of ... / symbolises ...

I. Texte richtig schreiben

Sich auf eine Grafik beziehen
Referring to a diagram

das Tortendiagramm	the pie chart
das Balkendiagramm / das Stabdiagramm	the bar chart
Wie aus der Grafik / dem Diagramm ersichtlich ...	As you / we can see from the chart / diagram ...
Die Grafik / Die Tabelle / Das Diagramm zeigt ...	The chart / table / diagram shows ...
Anhand der Grafik / der Tabelle / dem Diagramm (auf Seite ...) kann man zeigen / nachweisen ...	Looking at the chart / table / diagram (on page ...), we can show / prove that ...
Deutet man die Zahlen der Tabelle richtig, wird deutlich ...	If we interpret the figures in the table correctly, it becomes clear that ...
Am Verlauf der Kurve kann man ablesen ...	The path of the curve shows that ...
Tabelle Nr. 1 bezieht sich auf ...	Table 1 refers to ...
Die Grafik zeigt die Entwicklung von 2003 bis 2007.	The diagram shows the trend from 2003 to 2007.
Bei genauer Betrachtung des Kurvenverlaufs erkennt man ...	A close look at the path of the curve reveals ...
Das Verhältnis ist in Prozentzahlen / in absoluten Zahlen angegeben.	The ratio is given in percentages / in absolute figures.
Auf der Landkarte kann man die unterschiedliche Bevölkerungszusammensetzung klar erkennen.	The map clearly shows the diverse structure of the population.

Änderungen und Verhältnisse beschreiben
Describing changes and ratios

ein leichter / stetiger / deutlicher / steiler Aufwärtstrend / Abwärtstrend	a slight / steady / clear / steep upward / downward trend
ein allmählicher / dramatischer Anstieg / Rückgang	a gradual / dramatic rise / fall
mit fallender / steigender Tendenz	falling / rising
Die Kurve steigt / fällt.	The curve rises / falls.
Im Jahr 2006 erreicht diese Entwicklung ihren Höhepunkt / Tiefpunkt.	This trend reached its peak / low point in 2006.

Beschreiben

Die Kurve ist von starken Schwankungen gekennzeichnet.	The graph is marked by strong fluctuations.
Hier erkennt man eine signifikante Abweichung.	Here we / you can see a significant aberration.
Die Auswirkung dieses Ereignisses findet einen eindeutigen Niederschlag in der Grafik.	The effects of this event are plainly reflected in the chart / diagram.
Die Preissteigerung zeigt sich kaum / deutlich / mit etwas Verzögerung in der Kurve.	The price increase is hardly visible at all / is visible clearly / with some time lag in the graph.
Die Verhältnisse sind unübersichtlich, insgesamt lässt sich jedoch eine steigende / fallende Tendenz feststellen.	The situation is confusing, but an overall upward / downward trend can be seen.
Über die Hälfte der Befragten ...	More than half of those questioned ...
Die große Mehrheit ... / Eine kleine Minderheit ...	The vast majority ... / A small minority ...
Nur ca. 20 % der Befragten verwenden ...	Only about 20 % of those questioned use ...
Während 1995 nur 42 % optimistisch in die Zukunft sahen, waren es 2005 68 %.	While only 42 % had an optimistic view of the future in 1995, by 2005 this figure had risen to 68 %.
Während im Jahr 1960 der Anteil der Kinder, die bei einem Elternteil aufwachsen, sehr gering war, ergibt sich 2006 ein ganz anderes Bild.	Whereas the proportion of children in single-parent homes was very small in 1960, the picture in 2006 is quite a different one.

Eine Karikatur interpretieren

In Tageszeitungen, Magazinen oder dem Internet – immer wieder verarbeiten Künstler aktuelle Themen in lustigen Bildern. Diese sogenannten **Karikaturen** (engl. *caricatures*) sind witzige Zeichnungen mit einem bestimmten Zweck: Sie sollen Politik oder Alltagsleben aufs Korn nehmen.

Aber was genau ist mit einer bestimmten Karikatur gemeint? Einen wichtigen Hinweis darauf gibt die Quelle. So bewertet beispielsweise eine linksorientierte bzw. liberale Zeitung politische Geschehnisse anders als ein konservatives Medium. Um den Sinn einer Karikatur zu erschließen, analysieren Sie deren **Überschrift**, **Wortbeiträge** (falls vorhanden), **Handlung** sowie die **Übertreibung**. Machen Sie sich dazu Notizen.

Die **Überschrift** klärt häufig das Thema. Untersuchen Sie weitere **Wortbeiträge** auf Ironie und andere Stilmittel. Erstellen Sie eine Liste über andere (nonverbale) **Symbole**. Analysieren Sie die **Handlung**: Steht Sie im Widerspruch zu oder im Gleichklang mit der Überschrift? Worin liegt genau die **Übertreibung**? Sie dient dazu, die Gesamtaussage herauszustellen.

Führen Sie zum Schluss Ihre Notizen über die einzelnen Aspekte zusammen. Daraus können Sie die Gesamtbedeutung der Karikatur erschließen.

I. Texte richtig schreiben

Berichten
Reporting

Es ereignete sich / passierte als …	It occurred / happened when …
Das Ereignis fand vor kurzem statt.	The event / incident occured recently.
[Name]	*[Name]*
spricht über …	is speaking about …
stellt fest, dass …	finds that …
zeigt anschaulich …	vividly shows …
erzählt, dass … / von …	tells us that … / about …
berichtet über …	reports on / about …
berichtet ausführlich, dass … / von …	reports at length that … / about …
schildert folgenden Fall: …	describes the following situation: …
legt dar, dass …	explains that …
präsentiert die Fakten.	presents the facts.
spielt auf … an.	alludes to …
macht eine Anspielung auf …	hints at …
führt im Einzelnen aus, dass …	explains in detail that …
beschreibt die Vorfälle im Detail.	describes the incidents / events in detail.
ein Bericht über …	a report about / on …
In dem Artikel / Bericht steht, dass …	The article / report states that …

Zeitangaben machen
Expressing time

im Jahr 1989 / im Mai	in 1989 / in May
im 20. Jahrhundert / in den 80er-Jahren	in / during the 20th century / the 80s
am 14. November 2007 / am Freitag	on 14th November 2007 / on Friday
an diesem Tag	today
an diesem / jenem Tag	on that day
am nächsten / folgenden Tag	on the next / following day
während des letzten Jahrtausends	during the last millennium

Erzählen und berichten

im Jahre 502 vor Christi Geburt / 1824 nach Christus	in 502 B.C. / 1824 A.D.
vor 25 Jahren / vor 3 Tagen	25 years / 3 days ago
von 2003 – 2007	from 2003 to 2007
letztes / nächstes Weihnachten / Ostern	last / next Christmas / Easter
gestern / heute / morgen	yesterday / today / tomorrow
vorgestern / übermorgen	the day before yesterday / the day after tomorrow
vorige / nächste Woche	last / next week
letzten / nächsten Sonntag	last / next Sunday
zur Zeit des / der ...	at the time of ...
zu Zeiten von Shakespeare	in Shakespeare's time / day
vor kurzem	recently
seit langem	for a long time
in der Vergangenheit / Gegenwart / Zukunft	in the past / present / future
in jüngster Vergangenheit	in the recent past
in naher / ferner Zukunft	in the near / distant future

Vorher
Before

vorher	beforehand
zuvor / davor	before
in den Jahren davor	in the years before
am Tag vor ...	on the day before ...
ehe / bevor	before
als	as / when
als noch nicht	before
damals / einst	at that time / at one time
früher	earlier
seinerzeit	at the time
vor dieser Zeit	before that time

I. Texte richtig schreiben

Jetzt
Now

jetzt / nun	now
in diesem Moment / Augenblick	at this moment
gerade	just now
momentan / zurzeit / derzeit	just now / presently / currently
gegenwärtig	at present
heute	today / nowadays
in der Welt von heute	in today's world
heutzutage	nowadays
in der heutigen Zeit	at the present time
im heutigen Russland	in today's Russia / the Russia of today
in der jetzigen Situation	in the current / present situation
zu diesem Zeitpunkt	at this time / moment
gleichzeitig	at the same time / simultaneously
immer noch	still
bis jetzt / bis heute	so far / until today
von jetzt / heute an	from now / today on(wards)
Gerade jetzt sollte man nicht …	Now is not the time to …
Es ist aktuell so, dass …	The current situation is that …

Nach
After

Nach diesen Ereignissen …	After / Following these events …
Nach Beendigung des Projektes …	After the completion of the project …
Nach zwei Jahren zog sie nach Berlin.	Two years later she moved to Berlin.
In den darauf folgenden Jahren …	In the years that followed …
Als das passiert war …	After that happened …
dann / danach	then / after that
nachher	afterwards / later
nachdem / hinterher	afterwards

Erzählen und berichten

anschließend / nachfolgend	subsequently
sobald	as soon as / at once
Jahre später	years later
bald / kurz darauf	soon / shortly afterwards
daraufhin	as a result / after that

Während
While

Während der Sommermonate ...	During the summer months ...
Während dieser Zeit ...	During this time / period ...
Während / Unter der Woche bin ich in ...	During the week I'll be in ...
Während wir auf ihn warten, ...	While we wait for him, ...
unterdessen / währenddessen	meanwhile / in the meantime
inzwischen	meanwhile
Zu diesem Zeitpunkt befand er sich in ...	At this time he was in ...
gleichzeitig / zugleich	simultaneously / at the same time
zusammen	together
Die beiden Ereignisse fielen zusammen.	The two events occurred at the same time.
zur selben / gleichen Zeit / parallel dazu	at the same time
immer noch	still

I. Texte richtig schreiben

Freude
Joy

glücklich / froh / fröhlich / begeistert / unbeschwert sein	to be happy / glad / cheerful / delighted / light-hearted
Er freut sich (sehr), dass ... / über ...	He was (very) glad that ... / about ...
Es bereitet ihr große Freude ...	It gives her great pleasure ...
Er ist sehr froh, dass ...	He is very happy that ...
Sie ahnte gar nicht, wie sehr er sich freute.	She had no idea how happy he was.
ein helles / fröhliches / glückliches / ansteckendes Lachen	a ringing / cheerful / happy / infectious laugh
ein bezauberndes / strahlendes / jungenhaftes / spitzbübisches Lächeln	a captivating / radiant / boyish / mischievous smile
Er strahlte vor Freude / Glück.	He beamed with joy / happiness.
Sie lachte / lächelte / weinte vor Freude.	She laughed / smiled / cried with happiness.
Das Kind war ganz aus dem Häuschen.	The child was not able to contain its joy.
Die ältere Dame sprühte vor Lebenslust.	The elderly lady positively radiated joie de vivre.

Traurigkeit
Sadness

traurig / bedrückt / betrübt / verzweifelt / depressiv sein	to be sad / down / anguished / desperate / depressed
Er fühlt sich traurig.	He feels / is sad / unhappy.
Es macht sie traurig / stimmt sie traurig.	It makes her sad / puts her in an unhappy mood.
Es bedrückt / belastet / deprimiert ihn.	It depresses him / weighs heavily on him / gets him down.
Es ist schade, dass ...	It's a pity that ...
Sie weinte still vor sich hin / bitterlich / verzweifelt.	She cried silently / bitterly / in desperation.
Sie weinte ihm noch lange nach / bittere Tränen nach.	She cried for him for a long time / wept bitter tears for him.
Ihm standen die Tränen in den Augen.	He had tears in his eyes.

Gefühle ausdrücken

Der Krieg brachte unendliches Leid über das Land.	The war brought never-ending sorrow to the land / country.
Sie war untröstlich.	She was inconsolable.
Er war starr vor Trauer.	He was numb with grief.
Er trauerte um seine Frau.	He was grieving for his wife.
Sie gedachten ihrer in stiller Trauer.	They paid her a silent tribute.

Bedauern
Regret

Er bereute es zutiefst / sein Leben lang.	He regretted it deeply / (for) his whole life.
Sie konnte es sich nie verzeihen, dass ...	She couldn't forgive herself the fact that ...
Er bedauerte sein Verhalten und bat um Entschuldigung.	He regretted what he had done, and asked for forgiveness.
Zu seinem großen Bedauern ...	To his great regret ...
Die Zeitung musste den Artikel mit dem Ausdruck tiefsten Bedauerns zurücknehmen.	The newspaper had to withdraw the article with expressions of deep regret.
Er empfand große Reue.	He felt great remorse.
Er hatte wegen ... Gewissensbisse / ein schlechtes Gewissen.	He had pangs of conscience / a guilty conscience about ...
Es tut ihm / ihr (sehr) leid.	He / She is (very) sorry.
Sie schämte sich schrecklich, dass ihr so etwas passieren konnte.	She was terribly ashamed that such a thing could happen to her.

Antipathie
Antipathy

die (gegenseitige) Abneigung / Antipathie	(mutual) dislike / antipathy
Er mag ihn nicht / lehnt ihn ab / hasst ihn / verabscheut ihn.	He doesn't like / dislikes / hates / detests him.
Sie hegt eine heftige / tiefe Abneigung gegen ihn.	She has an intense / a deep dislike of him.
Die beiden können sich nicht leiden / ausstehen / riechen.	The two can't bear / tolerate / stand each other.
Zwischen den beiden Parteien war dicke Luft.	There was bad feeling between the two parties.

I. Texte richtig schreiben

Die Chemie zwischen ihnen stimmte nicht.	The chemistry between them was bad.
Sie wurde wegen ... heftig angefeindet.	People were extremely hostile to her because of ...
Sie sind verfeindet / zerstritten.	They are enemies / on bad terms.
Sie haben sich entzweit.	They have fallen out (with each other).
Er wirkt unsympathisch / unecht.	He seems unfriendly / insincere.
Er begegnete ihr mit großem Misstrauen.	He was very suspicious toward her.

Überraschung
Surprise

überrascht / verblüfft / verwundert / erstaunt sein	to be surprised / amazed / astonished / astounded
angenehm / unangenehm überrascht sein	to be pleasantly / unpleasantly surprised
konsterniert / verwirrt / fassungslos / perplex / befremdet / geschockt sein	to be in consternation / confused / dumbfounded / bewildered / disconcerted / shocked
Es überraschte ihn sehr zu erfahren, dass ...	He was very surprised to learn that ...
Die Überraschung / Verblüffung war groß.	There was great surprise / amazement.
Sie fiel aus allen Wolken.	She was flabbergasted.
Sie teilte es ihm aus heiterem Himmel mit.	She told him about it right out of the blue.
Die Nachricht schlug ein wie eine Bombe.	The news came as a bombshell.
Damit hatte er gar nicht gerechnet.	He certainly hadn't expected that.
Er war sprachlos vor Erstaunen.	He was speechless with amazement.
Er konnte es einfach nicht fassen.	He just couldn't grasp it.

Erleichterung
Relief

Sie war sehr erleichtert.	She was very relieved.
Sie konnten wieder aufatmen / durchatmen.	They were able to breathe again.
Ihr fiel ein Stein vom Herzen.	It took a load off her mind.
Er war heilfroh, als alles vorbei war.	He was delighted when it was all over.

Gefühle ausdrücken

Enttäuschung
Disappointment

enttäuscht / mutlos / unzufrieden / frustriert sein	to be disappointed / dejected / unhappy / frustrated
Er war schwer enttäuscht, dass ...	He was severely disappointed that ...
Sie war bestürzt / erschrocken / desillusioniert.	She was dismayed / aghast / disillusioned.
Die Enttäuschung war groß.	It was a great disappointment.
Die Nachricht war ernüchternd.	The news was sobering.
Er verspürte nichts als Frustration / Desillusionierung.	He felt only frustration / disillusion(ment).
Die Veranstaltung war für alle eine Enttäuschung / blieb hinter den Erwartungen zurück.	The event disappointed everybody / did not come up to expectations.
Sie hätten sich etwas Anderes gewünscht.	They would have liked things to be different.
Ihre Hoffnungen hatten sich zerschlagen.	Their hopes were shattered.
Seine Erwartungen haben sich nicht erfüllt.	His expectations were not met / fulfilled.
Ihre Bemühungen waren erfolglos.	Her efforts were unsuccessful.

Hoffnung
Hope

optimistisch / zuversichtlich / hoffnungsvoll sein	to be optimistic / confident / hopeful
Sie hofft sehr, dass ...	She hopes very much that ...
sich etwas erhoffen / versprechen / erwarten / erträumen / wünschen	to hope for / promise oneself / expect / imagine / wish for sth
Sie setzt große Hoffnungen in ...	She is pinning great hopes on ...
Sie gab die Hoffnung nicht auf, dass ...	She didn't give up the hope that ...
Er blickte mit Zuversicht in die Zukunft.	He viewed the future with confidence.
Sie hegte große Erwartungen.	She cherished great expectations.
Er hatte nicht zu hoffen gewagt, dass ...	He hadn't dared to hope that ...

I. Texte richtig schreiben

Angst / Befürchtung
Fear / Worry

beunruhigt / ängstlich / verstört / entsetzt sein	to be concerned / anxious / perturbed / appalled
Sie hat Angst, dass ...	She is afraid that ...
Er hat das ungute Gefühl, dass ...	He has a bad feeling that ...
Er macht sich Sorgen, dass ...	He is worried that ...
... macht ihm Angst / beängstigt ihn.	... makes him afraid / frightens him.
Er fürchtet sich / hat Angst vor ...	He fears / is afraid of ...
Seine größte Angst ist ...	His greatest worry / biggest fear is ...
Plötzlich erfasste sie eine große Angst / Furcht.	She was suddenly gripped by fear / fright.
Er wurde von Panik erfasst.	He was seized with panic.
... erfüllt ihn mit Schrecken.	... fills him with horror.
Sie litt unter Todesängsten / einer Phobie.	She was scared to death / suffered from a phobia.
Er malte ein Horrorszenario aus.	He described / imagined a nightmare scenario.
Sie war vor Angst / Schreck wie gelähmt.	She was almost paralysed with fear / fright.
Die Nachrichten waren beunruhigend / besorgniserregend.	The news was disturbing / worrying.
Die Bilder waren beängstigend / verstörend.	The images were frightening / disturbing.

Unzufriedenheit
Dissatisfaction

Er ist mit ... unzufrieden / nicht zufrieden.	He is dissatisfied / unhappy with ...
Sie ist von / über ... enttäuscht.	She is disappointed with / about ...
Sie ist mit / von ... frustriert.	She is frustrated with / by ...
Er ist zutiefst unzufrieden / desillusioniert / frustriert.	He is deeply dissatisfied / disillusioned / frustrated.
Es fällt vielen schwer, mit den Frustrationen des Alltags fertig zu werden.	Many people find it hard to cope with the frustrations of everyday life.

Gefühle ausdrücken

Mit diesen Ergebnissen kann man nicht zufrieden sein.	We cannot be satisfied with these results.
Es entsprach nicht seinen Erwartungen.	It failed to / did not meet / live up to his expectations.
Sie hatte erwartet, dass er sich mehr Mühe geben würde.	She had expected him to make more of an effort.

Schmerz
Pain

körperliche / seelische Schmerzen	physical / emotional pain
Es bereitete ihn / verursachte ihm große Schmerzen.	It gave / caused him great pain.
Es schmerzte sie / tat ihr weh, dass ...	It pained / hurt her that ...
mit schmerzverzerrtem Gesicht	with a face contorted with pain
Sie schrie vor Schmerzen.	She cried out / screamed in pain.
Das Knie tat ihr weh / bereitete ihr Schmerzen.	Her knee was hurting / causing her pain.
Die Scheidung war sehr schmerzlich für beide.	The divorce was painful for both of them.
Er litt sehr unter ...	He suffered greatly from ...
Er litt Höllenqualen / unter großen Schmerzen.	He suffered terrible agony / great pain.
Das verschlimmerte sein Leiden noch.	That made his suffering even worse.
Er hatte endgültig die Schmerzgrenze erreicht.	He could no longer take the pain.
Ihr Verhalten hat ihn (tief) gekränkt / verletzt.	Her behaviour (deeply) wounded / hurt him.
Die Bemerkung traf ihn schwer / schmerzte ihn.	The remark hit him hard / wounded him.

Verärgerung
Annoyance

ärgerlich / verärgert / gereizt / genervt / empört / erzürnt / aufgebracht / wütend sein	to be annoyed / angered / irritated / bothered / outraged / furious / enraged / infuriated
Sie ärgerte sich (sehr / maßlos), dass ... / über ...	She was (very) annoyed / annoyed beyond all measure that ... / about ...
Es ärgerte / empörte ihn.	It annoyed / outraged him.

I. Texte richtig schreiben

Es ärgerte / empörte ihn.	It annoyed / outraged him.
Der Fehler bereitete ihm großen Ärger.	The error made him very angry.
Er machte sie jedesmal wütend.	He made her furious every time.
Er schaffte es regelmäßig, seine Kollegen gegen sich aufzubringen.	He regularly managed to make his colleagues angry with him.
Sie ließ ihren Ärger an ihm aus.	She took her anger out on him.
Er hat einen großen Zorn auf ...	He is furious with ...
Ihr Zorn kannte keine Grenzen.	Her rage knew no bounds.
Sie schäumte / kochte vor Wut.	She was seething / fuming with rage.
Er war blass vor Wut / Ärger / Zorn.	He was white with fury / anger / rage.
Die Bemerkung trieb sie zur Weißglut / versetzte sie in Rage.	The remark made her incandescent / furious.
Er bekam einen Wutanfall / Trotzanfall.	He had a fit of rage / a tantrum.
Er ist cholerisch / ein Choleriker.	He is choleric / a choleric type.

Ungeduld
Impatience

ungeduldig / hektisch / nervös / aufgeregt / angespannt / unruhig sein	to be impatient / stressed-out / on edge / excited / tense / agitated
Sie wird schnell ungeduldig.	She gets impatient / loses her patience quickly.
Er reagierte gereizt.	He reacted with irritation.
Seine Geduld wurde arg strapaziert.	His patience was sorely tested / tried.
... war für sie eine Geduldsprobe.	... was a test of her patience.
Das stellte seine Geduld auf eine schwere Probe.	That really put his patience to the test.
Er wollte sie nicht länger auf die Folter spannen.	He didn't want to keep her in suspense any longer.
Die Spannung wuchs ins Unerträgliche.	The tension was becoming unbearable.
Sie wartete aufgeregt / fieberhaft / gespannt / ungeduldig / sehnsüchtig auf ...	She was waiting with excitement / frenziedly / in suspense / impatiently / longingly for ...

Gefühle ausdrücken

Sie fragte sich, wie lange es noch dauern würde.	She asked herself how long it could go on.
Die Vorfreude auf ... war groß.	There was great anticipation for ...
Er konnte es kaum erwarten, bis ...	He could hardly wait until ...
Es schien ewig zu dauern, bis ...	It seemed an eternity until ...

Ratlosigkeit
Helplessness

ratlos / hilflos / verwirrt / machtlos sein	to be at a loss / helpless / confused / powerless
Sie wussten	They
einfach nicht, was sie tun sollten.	simply didn't know what to do.
nicht mehr weiter.	were at their wits' end.
sich keinen Rat mehr.	hadn't a clue.
nicht mehr ein noch aus.	didn't know if they were coming or going.
Er war unfähig, eine Entscheidung zu treffen.	He was incapable of making a decision.
Sie stand den Vorgängen ratlos gegenüber.	She was helpless in the face of events.
Hilflos / Machtlos sah er zu, wie ...	He watched helplessly / impotently while ...
Sie war (völlig) verunsichert.	She felt (very) uncertain.
Das ist eine verfahrene Situation / eine Sackgasse.	Things are at a deadlock / at an impasse.
Sie waren dem Ganzen wehrlos / hilflos / ohnmächtig ausgeliefert.	They were defenceless / helpless in the face of it all / were completely at the mercy of it all.

I. Texte richtig schreiben

Formelle Briefe schreiben

Adresse des Absenders
Ihre eigene Adresse gehört ganz nach oben rechts, am besten mit Telefonnummer und E-Mail-Adresse.

Adresse des Empfängers
Die Adresse des Empfängers steht auf der linken Seite, jedoch ohne den Zusatz von Telefonnummer und E-Mail-Adresse. Das Deutsche *z. H.* (zu Händen) wird entweder weggelassen oder durch *F.A.O.* bzw. *FAO (for the attention of)* ersetzt.

Datum
Das Datum steht rechts unterhalb der Adresse des Absenders. In Großbritannien ist es üblich, das Datum nach folgendem Muster auszuschreiben:
  14 September 2011
Im amerikanischen Englisch hingegen wird der Monat vor dem Tag genannt und das Jahr durch Komma abgetrennt:
  September 14, 2011

Anrede
Trägt der Empfänger keinen Titel, nennen Sie dessen vollen Namen. Besitzt er einen Titel bzw. möchten Sie diesen nennen, schreiben Sie nur den Nachnamen *(Mr, Ms, Mrs, Miss, Dr)*. Viele Frauen ziehen es inzwischen vor, egal ob verheiratet oder nicht, mit Ms angeredet zu werden. Ausführlichere Angaben zur Anrede finden Sie auf der gegenüberliegenden Seite.

Betreff
Die Betreffzeile benennt das Thema des Briefes. Sie wird fett gedruckt. Bezieht sich der Betreff auf eine vorangegangene Korrespondenz beginnt er mit Re:. Die Betreffzeile steht zwischen der Anrede und dem ersten Satz.

Verabschiedung
Ausführliche Angaben zur abschließenden Grußformel finden Sie auf Seite 74.

Unterschrift
Setzen Sie Ihre Unterschrift linksbündig unter die Grußformel. Auf Ihre handschriftliche Unterschrift folgt Ihr Name nochmals in gedruckter Form. Erkennt man anhand Ihres Vornamens nicht Ihr Geschlecht oder ist Ihr Vorname sehr unüblich, geben Sie Ihren Titel *(Mr oder Ms)* in Klammern an.

Allgemeine Anmerkungen zu Form, Stil und Inhalt
- Fügen Sie zwischen den einzelnen Teilen eines Briefes (eigener Adresse, Adresse des Adressaten, Datum, Anrede, Betreff, Brief und Verabschiedung) Leerzeilen ein, um dem Brief eine übersichtliche Gliederung zu geben.
- Bei Titeln, Anrede und Grußformel wird im britischen Englisch auf Interpunktion

verzichtet. Im amerikanischen Englisch setzen Sie nach abgekürzten Titeln einen Punkt.
- Nach Anrede und Grußformel steht ein Komma.
- Legen Sie im ersten Abschnitt den Grund Ihres Briefes dar. Führen Sie dies im Hauptteil genauer aus. Halten Sie sich kurz: Formelle Briefe im Englischen sind meistens nicht sehr lang. Erläutern Sie im letzten Absatz, welche Reaktion Sie vom Adressaten erwarten (Broschüre schicken, Geld zurückerstatten o. Ä.).
- Formulieren Sie in einer schlichten Sprache. Drücken Sie sich klar und eindeutig aus. Vermeiden Sie Slang und Jargon.
- Vermeiden Sie Kurzformen wie *don't oder can't* etc. Diese sind der gesprochenen Sprache vorbehalten.
- Das erste Wort im ersten Satz eines Briefes wird – im Gegensatz zum Deutschen – immer großgeschrieben.
- Bedrucken Sie das Papier nur einseitig und verwenden Sie hochwertiges Briefpapier.

Die Anrede am Briefanfang

Sie schreiben:

engen Freunden, Verwandten
Dear Stephen, *Hello / Hi Caroline,*
Dear all, *Hello! / Hi!*

einer Person, die Sie besser kennen, mit der Sie aber per *Sie* sind
Dear Ms Brown / Dear Mr Miller, *Dear Prof Lockhart,*
Dear Colleagues,

einer Person, deren Namen Sie kennen, die Ihnen sonst aber nicht weiter bekannt ist
Dear Mr Brown, / Dear Ms Miller, *Dear Dr Johnson,*

einer Person, von der Sie weder Namen noch Geschlecht kennen
Dear Sir or Madam, *Dear Sir, / Dear Madam,*
Dear Sirs, *To whom it may concern*

einer Person, deren Titel oder Berufsbezeichnung bekannt ist
Madam President, *Mr President,*
To the Head of Personnel *To the editor*

I. Texte richtig schreiben

Die Grußformel am Briefende

Sie schreiben:
engen Freunden, Verwandten
    Take care!   *See you soon!*
    Yours …   *(Lots of / With) love from …*
    Love …

einer Person, die Sie besser kennen, mit der Sie aber per *Sie* sind
    Best wishes,   *All the best,*
    Kindest regards,   *Regards,*

einer Person, deren Namen Sie kennen, die Ihnen sonst aber nicht weiter bekannt ist
    Yours sincerely,
    Kind regards,   *With best wishes,*

einer Person, deren Namen Sie nicht kennen
    Yours faithfully,

Formelle E-Mails schreiben

E-Mails sind in der Regel etwas weniger förmlich als Briefe, doch gelten – bis auf wenige Ausnahmen – die allgemeinen Stilregeln für formelle Briefe auch für E-Mails.

E-Mail Adresse
Legen Sie sich eine E-Mail-Adresse an, die Ihren Vor- und Nachnamen enthält. Eine E-Mail-Adresse mit einem Spitznamen ist für den offiziellen E-Mail-Verkehr unangebracht und wirkt unseriös.

Betreff
Die Betreffzeile benennt das Thema der E-Mail. Geben Sie immer einen passenden Text in die Betreffzeile ein, damit der Empfänger weiß, worum es in der E-Mail geht.

Anrede
Beantwortet man eine E-Mail, behält man die Anredeform bei, in der man angeschrieben wurde:
    Dear Ms Jenkins, – Best wishes, Paul Smith
    Dear Mr Smith, – Best wishes, Emma Jenkins
    Dear Richard, – Ellen
    Dear Ellen, – Richard

Briefe schreiben

Verabschiedung
In E-Mails werden häufig die etwas weniger formellen Grußformeln *Best wishes* oder *Kind regards* gewählt.

Unterschrift
Schreiben Sie in die Zeile unter die Grußformel Ihren Namen. Durch eine Leerzeile abgetrennt können Sie noch weitere Angaben hinzufügen, z. B. Ihre Adresse, Telefonnummer und Website.

Allgemeine Anmerkungen zu Stil und Inhalt
- Formelle E-Mails sollten den Stilregeln für formelle Briefe folgen.
- Bevor Sie die E-Mail abschicken, überprüfen Sie den Text per Rechtschreibprüfung auf Fehler.
- Stellen Sie sicher, dass ein klarer Betreff formuliert ist.
- Schauen Sie nach, ob Anlagen, auf die im E-Mail-Text verwiesen wird, auch tatsächlich angefügt sind.

Post an Freunde, Verwandte und Bekannte

Egal, ob E-Mail, langer Brief auf edlem Papier oder kürzere Postkarte – Freunden und Verwandten schreibt man anders als Fremden. Deshalb fallen die meisten Angaben der förmlichen Korrespondenz weg. Die eigene Adresse und die des Adressaten stehen nur auf dem Umschlag. Das Datum können Sie einfügen, wenn Sie möchten. Die Anrede ist *Dear* plus Vorname. Im Gegensatz zum Deutschen wird das erste Wort des Haupttextes großgeschrieben. Im persönlichen Brief ist es erlaubt, Kontraktionen wie *don't*, *can't* oder *haven't* zu benutzen. Einen klassischen Brief auf Papier verfassen Sie am besten handschriftlich.

Einleitende Worte
Introductory words

Vielen Dank für Ihren / deinen Brief.	Thank you for your letter.
Ich habe mich sehr über Ihren / deinen Brief gefreut.	I was delighted to get your letter.
Über Ihre Rückantwort habe ich mich sehr gefreut.	I was very glad to get your reply.
Es war schön, mal wieder von dir zu hören.	It was be good to hear from you again.
Ich komme leider erst jetzt dazu, Ihnen / dir zu schreiben.	Unfortunately I'm only just getting round to writing to you.

I. Texte richtig schreiben

Es tut mir leid, dass ich Ihnen / dir erst jetzt schreibe.	I'm sorry I haven't written sooner.
Ich wollte dir schon ewig schreiben, aber du weißt ja, wie es ist!	I've been meaning to write to you for ages, but you know how it is!
Es tut mir leid, dass ich mich so lange nicht gemeldet habe.	I'm sorry it's been so long since I got in touch.
Jetzt haben wir schon ewig nichts voneinander gehört.	We haven't been in touch for ages.
Ich hoffe, es geht dir gut.	I hope you're well.
Wie geht es dir denn so?	How are you?
Was macht deine Familie / die Liebe / die Arbeit?	How's your family / your love life / work?
Hier ist alles beim Alten / wie immer.	Everything is much the same as ever here.
Stell dir vor, …! / Hast du schon gehört, dass …?	Just imagine, …! / Have you heard that …?

Spezielle Anlässe
Special occasions

Herzlichen Glückwunsch zum Geburtstag.	Happy birthday! / Best wishes for your birthday.
Herzlichen Glückwunsch zum Führerschein.	Congratulations on passing your driving test (BRIT) / driver's license (AM).
Herzlichen Glückwunsch zur neuen Wohnung.	Congratulations on your new home.
Herzlichen Glückwunsch zum bestandenen Abitur.	Congratulations on passing your A Levels (BRIT) / getting your high school diploma (AM).
Ich wünsche dir alles Liebe zum Geburtstag!	Lots of love on your birthday.
Alles Gute zum neuen Lebensjahr / Hochzeitstag.	All the best for the coming year / your wedding day.
Zu eurer Hochzeit / dem neuen Erdenbürger / der neuen Stelle wünsche ich euch / Ihnen alles Gute.	My very best wishes on your marriage / your new arrival / your new job.
Ich war erfreut zu hören, dass …	I was delighted to hear that …
Ich habe mich sehr gefreut / finde es super, dass …	I was really pleased / think it's great that …
Es tut mir leid, dass du den Führerschein nicht bestanden hast.	I'm sorry you failed your driving test (BRIT) / driver's license (AM).

Briefe schreiben

Mit großem Bedauern ...	With deep regret ...
In aufrichtiger Anteilnahme ...	My sincerest condolences ...
Ich möchte Ihnen / dir mein herzliches Beileid ausdrücken.	I would like to extend my deepest sympathy.
Frohe Ostern! / Ein frohes Neues Jahr!	Happy Easter! / Happy New Year!
Fröhliche / Frohe / Gesegnete Weihnachten!	Merry / Happy / A blessed Christmas!

Schlusssatz
Closing sentence

Ich hoffe, bald von Ihnen / dir zu hören.	I hope to hear from you again soon.
Über eine Antwort von Ihnen würde ich mich sehr freuen.	I would be delighted to hear from you.
Vergiss nicht, mir zu schreiben!	Don't forget to write!
So, das war's von mir. Was gibt es bei dir Neues?	So, that's all my news. What's happening at your end?
Ich muss jetzt zum Ende kommen, weil ...	I must finish now because ...
Jetzt bist du wieder auf dem neuesten Stand / auf dem Laufenden.	Now you're up to date / you have all the news.
Alles Weitere in einer Woche!	I'll tell you everything else next week.
Ich denke an dich und wünsche dir alles Gute.	I'm thinking about you and send you my best wishes.
Ich vermisse dich ganz arg und freue mich, dass wir uns bald wiedersehen!	I really miss you, and I'm glad we'll be seeing each other again soon.
Es wäre schön, wenn wir uns bald einmal wiedersehen könnten.	It would be nice if we could see each other again soon.
Alles Liebe und pass auf dich auf.	Best wishes and take care.
Mach's gut und bis bald / dann.	Take care and see you soon / then.
Bis ganz bald!	See you very soon!

I. Texte richtig schreiben

Bewerben in Großbritannien

Das **Bewerbungsschreiben** und der **tabellarische Lebenslauf** sind der wichtigste Teil für eine Bewerbung in Großbritannien. Egal ob schriftlich, online, per E-Mail oder per Telefon sollte Ihre Bewerbung möglichst professionell sein. Dazu gehört, dass das Bewerbungsschreiben und Ihr Lebenslauf in englischer Sprache verfasst sind. Da Sie Ihrem zukünftigen Arbeitgeber schon im Vorfeld einen guten Eindruck Ihrer Sprachkenntnisse vermitteln möchten, sollten Sie unbedingt darauf achten, dass die Unterlagen sprachlich korrekt sind. Daher sollten Sie diese vor dem Absenden unbedingt von einem Muttersprachler überprüfen lassen.

Das Layout entspricht den allgemeinen Regeln für das förmliche Schreiben (siehe Infokästen *Formelle Briefe schreiben* und *Formelle E-Mails schreiben* auf den Seiten 72 / 74).

Arbeitszeugnisse oder **Bescheinigungen über Praktika** sind in Großbritannien nicht üblich und werden daher bei den Bewerbungsunterlagen auch nicht erwartet. Auch **Universitäts- und Weiterbildungszeugnisse** werden der Bewerbung nicht beigefügt. Besonders gern werden heutzutage in Großbritannien Online – Bewerbungen gesehen, die nicht zu ausführlich sind und auf irrelevante Informationen verzichten.

Das Bewerbungsschreiben sollte relativ kurz gehalten sein. Erklären Sie kurz, warum Sie sich bewerben und warum Sie für den Job der Richtige sind.
Das Bewerbungsschreiben sollte folgende Informationen enthalten:

- **Bezugnahme auf das Stellenangebot**
  Wo und wie haben Sie von dem Job erfahren (Internet, Tageszeitung, Empfehlung)?
- **Informationen über den Bewerber**
  Welche persönlichen Daten sind im Hinblick auf die Bewerbung wichtig? Umschreiben Sie Ihre aktuelle (berufliche) Situation. Was machen Sie momentan?
- **Begründung für die Bewerbung**
  Warum möchten Sie diesen Job haben? Warum sind Sie dafür geeignet? Belegen Sie Ihre persönlichen und fachlichen Fähigkeiten.
- **Schluss**
  Unterstreichen Sie Ihr Interesse am Angebot. Sagen Sie, dass Sie sich auf die Antwort und ein persönliches Gespräch freuen.

Verwenden Sie folgende Anrede- und Schlussformeln:

Anrede	*Dear Mr …, / Ms …,* (wenn Sie den Namen kennen)
	Dear Sir or Madam,
	To the Head of Personnel / Human Resources
Schlussformel	*Yours faithfully,*
	Yours sincerely, (wenn Sie den Namen kennen)

Musterlebenslauf

Michael Müller
Schulstr. 14
85011 Ingolstadt
Germany

tel: +49 841 123456
e-mail: michael.mueller@xyz.de

Personal profile
An excellent communicator, confident in dealing with people from all walks of life. Ambitious and focused whilst appreciating the need to remain flexible.

Education

Since 2004	Schiller Secondary School, Ingolstadt. *Abitur* (comparable to A Levels) to be taken in July 2012. Specialist subjects: English, Mathematics
2000 – 2004	Primary school in Ingolstadt

Work experience

2010 – present	Sales assistant (Saturdays and school holidays) at *Einklang* second-hand record store. Responsible for serving customers, stocking shelves, cataloguing stock and operating the till

Skills and interests

Foreign languages:	Fluent written and spoken English. Adequate French, basic Spanish
PC skills:	Windows XP, MS Office applications, UNIX
Other interests:	Motor racing, music, travelling, languages

Referee
Mr H. Schulz
Tutor
Schiller Gymnasium
Tannenstr. 22
85011 Ingolstadt
Germany

I. Texte richtig schreiben

Sich auf eine Annonce beziehen
Referring to an advert

Mit großem Interesse habe ich die Stellenanzeige für ... in der gestrigen Ausgabe der ... gelesen.	It was with great interest that I read the advertisement for ... in yesterday's edition of the ...
Mit großem Interesse habe ich Ihrer Anzeige der heutigen Ausgabe der ... entnommen, dass Sie einen ... suchen.	It was with great interest that I read in today's edition of the ... that you are looking for a ...
Ich beziehe mich auf die Anzeige in ... und möchte mich um die ausgeschriebene Stelle als ... bewerben.	I am writing with regard to / I refer to the advertisement in ... and would like to apply for the position of ...
Ich möchte mich auf die Stelle des ... bewerben.	I would like to apply for the post / position of ...
Mit Interesse habe ich erfahren, dass Ihre Firma zurzeit ... sucht / einstellt / einstellen möchte.	I was interested to learn that your company is currently looking for / recruiting / wishes to recruit ...
Von [Name] habe ich erfahren, dass in Ihrer Firma demnächst die Stelle einer / eines ... frei wird.	[Name] informs me that the position of ... is soon to become available in your company.

Sich um eine Lehrstelle bewerben
Applying for a training vacancy

Ich plane derzeit meinen weiteren Ausbildungsweg für die Zeit nach dem Abitur im kommenden Sommer.	I am in the course of planning the next stage of my education after completing my A Levels (BRIT) / high school diploma (AM) this summer.
Ich strebe eine Ausbildung zum / zur ... an.	I hope to serve an apprenticeship as a ...
Es sind vor allem meine überdurchschnittlichen Leistungen in ..., die mich zu einer erfolgreichen Ausbildung befähigen.	Particularly my good grades in ... demonstrate my ability to successfully serve this apprenticeship / traineeship.

Bewerbungsschreiben formulieren

Durch Ihre Anzeige im ... habe ich erfahren, dass Sie mehrere Auszubildende suchen.	I was interested to read in your advertisement in ... that you are currently recruiting apprentices / that you currently have several training vacancies.
Hiermit bewerbe ich mich um einen Ausbildungsplatz zum / zur ...	I would like to apply for a training vacancy as a ...
Mein Abitur werde ich im Juni nächsten Jahres mit gutem Erfolg abschließen.	I will successfully complete my A Levels (BRIT) / earn my high school diploma (AM) in June of next year.
Zurzeit besuche ich die ...-Schule in ..., die ich im Juni diesen Jahres mit dem Abitur verlassen werde.	I currently attend ... School in ... and will sit my A Levels (BRIT) / earn my high school diploma (AM) in June of this year.
Meine berufliche Ausbildung würde ich am liebsten bei Ihnen absolvieren.	I would very much like to serve my apprenticeship / traineeship with [Company name].

Eine Blindbewerbung schicken
Sending a speculative application

Hiermit möchte ich mich bei Ihnen (für eine Stelle) als ... bewerben.	I would like to apply for a position as ... in your company.
Ich möchte mich bei Ihnen initiativ als ... bewerben.	I am writing to explore whether an opportunity might exist to join [Company name] as a(n) ...
Ich bin an einer Tätigkeit als ... interessiert und wüsste gerne, ob bei Ihnen eine Stelle frei ist.	I would be interested to learn / know whether you have a vacancy for a(n) ...
Ich suche eine Stelle auf dem Gebiet / im Bereich ...	I am looking for a post / position in ...
Suchen Sie aktuell oder demnächst einen Mitarbeiter für den ... Bereich?	I am writing to enquire whether you currently have any vacancies, or may have in the future, for ...

I. Texte richtig schreiben

Angaben zur eigenen Person machen
Giving details about oneself

Ich habe kürzlich eine zweijährige Ausbildung zur / zum ... erfolgreich abgeschlossen.	I have recently successfully completed a two-year apprenticeship / traineeship as ...
Ich bin ... Jahre alt.	I am ... years old.
... habe ich als Aupair / als Freizeitbetreuer(in) in einem Sommercamp für Kinder in den USA gearbeitet.	... I worked as an aupair / an activity leader in a summer camp for children in the USA.
Ich gebe Nachhilfe-Unterricht in den Fächern ...	I give private coaching / coaching lessons in ...
Ich arbeite derzeit als ...	I currently work as a ...
Meine derzeitigen Aufgaben umfassen ...	My current duties / responsibilities include ...
Ich bin / war für ... verantwortlich.	I am / was responsible for ...
Ich spreche fließend ...	I speak fluent ...
Ich verfüge über gute Englischkenntnisse in Wort und Schrift.	I have good spoken and written English skills.
Ich habe gute Kenntnisse in MS Office / Physik / der grafischen Bildbearbeitung.	I have good skills in MS Office / physics / picture editing.
Das 10. Schuljahr habe ich in ... / im Ausland verbracht.	I spent the fifth form (BRIT) / grade 11 (AM) in ... / abroad.
Ich bin	I
kontaktfreudig, kommunikationsstark und teamfähig.	am outgoing with strong communication / interpersonal skills and a team player.
selbstständig.	enjoy working on my own initiative.
zuverlässig.	am reliable.
gewissenhaft / sorgfältig.	have a keen eye for detail / am conscientious.
Ich besitze eine schnelle Auffassungsgabe und Organisationsgeschick.	I am quick to pick up new skills and am a good organizer.
Zu meinen Stärken zählen Einsatzbereitschaft, Sorgfalt und Verantwortungsbewusstsein.	My strong points include a high level of commitment, a keen eye for detail and a willingness to assume responsibility.
... gehören zu meiner Arbeitsweise.	My strong points include ...
Teamorientiertes sowie selbständiges Arbeiten und Flexibilität sind für mich selbstverständlich.	I am highly adaptable and am comfortable working both as part of a team and on my own initiative.

Bewerbungsschreiben formulieren

Praktikumserfahrung angeben
Providing details of internships

Ich habe bereits ein dreimonatiges Praktikum in Kanada absolviert.	I have already completed / served a three-month internship in Canada.
Während eines Betriebspraktikums bei der Firma ... konnte ich die verschiedenen Tätigkeiten und anfallenden Aufgaben eines / einer ... kennen lernen.	During an industrial placement with ... I was able to gain an insight into the various tasks and responsibilities of a(n) ...
Erste Kenntnisse über ... habe ich mir in einem einjährigen Lehrgang in ... angeeignet.	A one-year course in ... has given me a basic knowledge of ...
Ich habe Grundwissen in ... erworben.	I have gained basic experience / a basic knowledge of ...
Während eines Auslandspraktikums konnte ich einen wertvollen Einblick in ... / erste Erfahrungen im Bereich ... gewinnen.	During the course of an internship abroad, I was able to gain a valuable insight into ... / firsthand experience of ...

Auf seinen Lebenslauf hinweisen
Referring to one's CV / résumé

In der Anlage finden Sie meinen Lebenslauf mit weiteren Einzelheiten.	I enclose / attach a copy of my CV (BRIT) / résumé (AM) for your consideration.
Bitte beachten Sie meinen Lebenslauf.	I would (like to) draw your attention to my CV.
Wie Sie in meinem Lebenslauf lesen können ...	As you can / will see from my CV ...

Interesse bekräftigen
Confirming interest

Ich bin sehr daran interessiert, meine Kenntnisse auf dem Gebiet / im Bereich von ... zu vertiefen.	I am keen to broaden my knowledge in the field of ...
Ich bin überzeugt, dass ich die erforderliche Erfahrung und die nötigen Eigenschaften für die Stelle als ... mitbringe.	I feel I have the necessary experience and qualities needed for the position of ...
Ich glaube für diese Stelle besonders geeignet zu sein / den Anforderungen entsprechen zu können.	I believe I am ideally suited to this position / I am confident that I meet your requirements.

I. Texte richtig schreiben

Die praktische Tätigkeit hat mir gezeigt, dass der Bereich … mir sehr viel Freude bereitet.	The practical experience has shown me that I would most certainly enjoy working in the field of …
Der Beruf des / der … ist genau der Beruf, den ich mir für die Zukunft vorstelle.	What I would most like to do in the future is work as a(n) …

Schlussformulierungen
Closing statements

Sollte Ihnen meine Bewerbung zusagen …	If my application has aroused your interest / If you find my application suitably intriguing, …
Ich würde mich über die Einladung zu einem Vorstellungsgespräch / persönlichen Gespräch freuen.	I would appreciate the opportunity / I would be delighted to come for an interview.
Von meinem Können / meinen Qualifikationen / meiner Eignung werde ich Sie sicher in einem persönlichen Gespräch überzeugen.	I am confident I could convince you of my ability / qualifications / suitability in a personal interview.
Wann immer es Ihnen Recht ist, stehe ich für einen Gesprächstermin zur Verfügung.	I am available for interview at your convenience.
Ich könnte zum … bei Ihnen anfangen.	I am available to start work from …
Ich freue mich auf Ihre (baldige) Antwort.	I look forward to hearing from you (soon / at your earliest convenience).

Leserbriefe schreiben

Bezug nehmen auf einen Artikel
Referring to an article

Bezugnehmend auf Ihren Artikel „…" vom 26.11.2008 …	With reference to your article "…" of 26.11.2008, …
Ihr Artikel „…" vom 26.11.2008 …	Your article "…" of 26.11.2008 …
In Ihrem Artikel „…" vom 26.11.2008 schreiben Sie / schreibt [Name] / schreibt Ihr Autor [Name] …	In your article "…" of 26.11.2008, you write / [Name] writes / your author [Name] writes …

Zustimmung / Ablehnung ausdrücken
Expressing agreement / disagreement

Ich war empört / enttäuscht / erstaunt / erfreut über Ihren Artikel „…" vom 26.11.2008.	I was disgusted by / disappointed with / astonished by / delighted with your article "…" of 26.11.2008.
Mit großer Empörung / Enttäuschung / Freude las ich Ihren Artikel „…" vom 26.11.2008.	It was with utter disgust / great disappointment / great pleasure that I read your article "…" of 26.11.2008.
Es stimmt einfach nicht, wenn der Autor / die Autorin behauptet, dass …	It is simply not true for the writer to say that …
Ich schließe mich der Kritik des / der … an … an.	I agree with (the) …'s criticism of …
Diese Behauptung ist sachlich unrichtig.	The facts of this statement are wrong.
Der Artikel	The article
ist oberflächlich / sorgfältig recherchiert.	has been superficially / carefully researched.
strotzt vor sachlichen / sprachlichen Fehlern.	is full of factual / linguistic errors.
vermittelt ein vielschichtiges / eindrückliches / völlig falsches Bild von …	gives a complex / impressive / completely false picture of …
ist einseitig / unsachlich / manipulativ.	is one-sided / lacking in objectivity / manipulative.
ist objektiv / ausgewogen / informativ / aufschlussreich / lesenswert / interessant.	is objective / balanced / informative / evealing / well worth reading / interesting.
ist nichtssagend / belanglos / einfallslos / uninteressant.	says nothing / is meaningless / is unimaginative / is without interest.
vermittelt neue / keine neuen Einsichten.	provides new / no new insights.

I. Texte richtig schreiben

Der Autor / Die Autorin	The writer
liefert ein brillante Analyse.	provides a splendid analysis.
zeigt profundes Sachwissen / zeigt sich als Kenner / Kennerin der Materie.	shows a deep knowledge of the topic / knows the subject matter well.
hat gut / schlecht recherchiert.	has done his / her research well / poorly.
zeigt sich vorurteilsfrei / gut informiert.	is clearly impartial / well informed.
verbreitet die üblichen Klischees.	comes out with the usual clichés.
verrät einen schlechten Stil, wenn er / sie schreibt ...	shows bad form when he / she writes ...
Die Argumentation ist / ist nicht stichhaltig.	The argument is sound / unsound.

Weitere Gedanken anführen
Adding throughts

Besonders gut hat mir gefallen ...	I was particularly pleased by ...
Ich war besonders erstaunt / empört zu lesen, dass ...	I was particularly astonished / disgusted to read that ...
Der Autor / Die Autorin geht sogar noch weiter, indem er / sie ...	The writer goes even further in that he / she ...
Im weiteren Verlauf ergeben sich jedoch Widersprüche.	However, contradictions arise later.
Des Weiteren führt der Autor / die Autorin aus, dass ...	The writer goes on to say that ...
Tatsächlich ... / Ferner ... / Im Gegensatz dazu ...	In actual fact ... / Moreover ... / In contrast ...
Ich behaupte sogar, dass ...	I would even argue that ...
Sofern ich weiß ...	As far as I know / am aware, ...

Schlussgedanken
Closing thoughts

Abschließend / Zusammenfassend muss ich sagen ...	Finally / In summary I have to say ...
Das ist ein Artikel, den ich von Ihrer Zeitung nicht erwartet habe.	This is an article I would not have expected from your newspaper.
Ihren Artikel habe ich mit großem Gewinn gelesen.	I have gained a lot from reading your article.

Leserbriefe schreiben

Ich werde Ihre Zeitschrift weiterempfehlen.	I will recommend your publication to others.
Ich überlege Ihre Zeitung abzubestellen.	I am considering cancelling my subscription to your newspaper.
Ihr Artikel spricht endlich aus, was viele nicht zu sagen wagten.	Your article has finally expressed what many people have never dared to say.
Das ist populistische Meinungsmacherei.	This / That is populistic spin.

Tipps für einen gelungenen Leserbrief

Für Leserbriefe (engl. *letters to the editor*) gelten in vielerlei Hinsicht dieselben Regeln wie für einen formellen Brief (siehe Infokästen *Formelle Briefe schreiben* und *Formelle E-Mails schreiben* auf den Seiten 72 / 74). Allerdings haben Leserbriefe einige Besonderheiten. Falls Sie den Namen des Herausgebers (engl. *editor*) einer Zeitung kennen, können Sie ihn direkt ansprechen. Ansonsten verwenden Sie die Anrede Dear Sir or Madam. Sie können auch *To the editor* vor die Anrede setzen. Vergessen Sie nicht die Angaben zu Ihrer eigenen Person: Adresse, Land, eventuell Alter und Beruf.

Informieren Sie sich auf der Website der Zeitung, welche Regeln für eine Leserbriefzuschrift gelten. Meistens schreiben die Publikationen eine maximale Wortanzahl vor. Normalerweise sind dies 150 bis 200 Wörter. Nur wenn Sie sich daran halten haben Sie die Chance auf eine Veröffentlichung. Anonyme Zuschriften werden nicht abgedruckt.

Schreiben Sie Ihren Brief so, als ob Sie den Herausgeber der Zeitung und nicht die Leserschaft ansprächen.

Untersuchen Sie im Vorfeld andere Leserbriefe auf ihre Machart: Sind sie eher förmlich oder eher ungezwungen formuliert? Ein Leserbrief an die *New York Times* unterscheidet sich sprachlich von einem Brief an das *Rolling Stone Magazine*.

Beschränken Sie Ihren Brief auf ein einziges Thema. In Frage kommen z. B. die Kritik an einem bestimmten Artikel oder ein Vorschlag zur verbesserten Zeitungsqualität. Dann wird Ihr Text auch nicht zu lang.

Sie können Ihren Brief per Post oder als E-Mail versenden. Jede Zeitung oder Zeitschrift gibt auf Ihrer Website eine Kontaktadresse an. Meist kann man auf der Homepage der betreffenden Zeitung zu fast allen Artikeln einen Kommentar auch direkt online verfassen.

I. Texte richtig schreiben

Allgemeine Informationen angeben
Providing general information

ein Liebesfilm / ein Drama / ein Science-Fiction-Film / ein Western / ein Krimi / ein Horrorfilm / ein Actionfilm	a romantic film / drama / science fiction film / Western / crime thriller / horror film / an action film
eine Tragikomödie / Teeniekomödie / romantische Komödie	a tragi-comedy / teen comedy / romantic comedy
ein politischer / spannender Thriller	a political / tense thriller
ein Antikriegsfilm	an anti-war film
ein typischer Hollywoodfilm	a typical Hollywood film
ein Filmklassiker	a film classic
eine Literaturverfilmung / eine Shakespeareadaption	a screen adaptation of a book / of Shakespeare
eine Verfilmung des Romans „...."	a screen adaptation of the novel "..."
ein Zeichentrickfilm / Animationsfilm	a cartoon / an animated film
ein romantischer / ergreifender / verstörender / erotischer / kritischer / künstlerischer / komischer Film	a romantic / gripping / disturbing / erotic / critical / artistic / comic film
ein Blockbuster	a blockbuster
ein Independentfilm / Low-Budget-Film	an independent / a low-budget film
Der Film spielt in Amerika / im New York der 90er Jahre / im Mafiamilieu / im Jahr 1980.	The action takes place in America / in 90s New York / among Mafia families / in 1980.
Der Film wurde gedreht nach einer Romanvorlage von [Name].	The film was based on a novel by [Name].

Filmische Mittel kommentieren
Commenting on cinematic devices

Die Kamera zeigt ... / fährt heran / entfernt sich.	The camera shows ... / tracks in / moves away.
Die Kamera folgt dem Helden / der Heldin.	The camera follows the hero / heroine.
In einem schnellen Kameraschwenk sieht man plötzlich ...	Panning quickly, the camera suddenly reveals ...
In dieser Einstellung / Nahaufnahme / Totalen	In this shot / close-up / long shot

Filmrezensionen verfassen

sieht man ...	we / you can see ...
zeigt uns die Kamera ...	the camera shows us ...
erfährt man etwas über die Charaktere / das Milieu / die Umgebung.	we learn something about the characters / setting / background.
wird deutlich, dass ...	it becomes obvious that ...
Mit dieser Einstellung	With this shot
erreicht der Regisseur / die Regisseurin ...	the director achieves ...
vermittelt der Regisseur / die Regisseurin ...	the director communicates ...
wird die Aufmerksamkeit des Publikums auf ... gelenkt.	the public's attention is drawn to ...
Die Kameraführung ist ruhig / bewegt / hektisch.	The camera work is slow / lively / frantic.
Schnelle Schnitte erhöhen die Spannung.	Rapid cutting increases the tension.
Im Hintergrund / Vordergrund sieht man ...	In the background / foreground we see ...
Der Soundtrack unterstreicht die / schafft eine romantische / spannende / melancholische Atmosphäre.	The soundtrack emphasises the / creates a romantic / tense / melancholy atmosphere.
In diesem Moment setzt die Musik ein / hört die Musik auf / wird die Musik lauter / leiser.	At that moment, the music begins / stops / grows louder / softer.

Mit anderen Filmen vergleichen
Comparing with other films

Wie schon bei „Iris" ...	As already seen in "Iris", ...
Es finden sich viele Filmzitate, z. B. aus ...	There are many filmic references, for example to ...
Der Film ist offensichtlich von [Name] inspiriert.	The film has clearly been inspired by [Name].
Der Film erinnert an ... von [Name].	The film reminds us of ... by [Name].
Dies ist eine romantische Komödie im Stil der alten Screwball-Komödien.	This is a romantic comedy in the style of the old screwball comedies.
Die Ästhetik erinnert an die Schwarz-Weiß-Filme der 30er Jahre.	The look of the film recalls the black-and-white films of the 30s.

I. Texte richtig schreiben

Über die Mitwirkenden informieren
Information about cast and crew

der Schauspieler / die Schauspielerin	the actor / actress
der Regisseur / die Regisseurin	the director
der Produzent / die Produzentin	the producer
der Komponist / die Komponistin	the composer
der Ausstatter / die Ausstatterin	the set designer
der Cutter / die Cutterin	the editor
der Oskarpreisträger / die Oskarpreisträgerin	the Oscar winner
Der Regisseur / die Regisseurin so erfolgreicher / innovativer / mutiger Filme wie …	The director of such successful / innovative / courageous films as …
Neben diesem Film hat [Name] auch schon in Filmen wie „…" mitgewirkt.	As well as in this film, [Name] has also been in films such as "…"
[Name] war zuletzt in … zu sehen.	[Name] was most recently seen in …
[Name] führt dieses Mal Regie.	[Name] is directing this time.
[Name], eines der vielversprechendsten Nachwuchstalente unserer Zeit …	[Name], one of the most promising newcomers of our time …
[Name] glänzt in der Rolle des …	[Name] is outstanding in the role of the …

Die Botschaft des Films
The message of the film

Der Film	The film
zeigt / macht deutlich …	shows / explains …
kritisiert / verurteilt …	criticizes / passes judgement on …
spricht sich für … aus.	comes out in favour of …
plädiert für …	puts the case for …
ergreift die Partei von …	takes the side of …
warnt vor den Folgen von …	warns of the consequences of …

Filmrezensionen verfassen

hat eine nationalistische / pazifistische / Gewalt verherrlichende / konservative / gesellschaftskritische / sozialkritische / antirassistische Botschaft.	has a message which is nationalistic / is pacifist / glorifies violence / is conservative / is critical of society / criticizes social conditions / is anti-racist.
will nur unterhalten.	seeks purely to entertain.
vermittelt allgemeine / moralische / religiöse / christliche / konservative Werte.	conveys popular / moral / religious / Christian / conservative values.

Ihre Reaktion und Bewertung
Your reaction and evaluation

Mir hat der Film gefallen / nicht gefallen, weil ...	I liked / didn't like the film because ...
Der Film hat mich berührt / tief beeindruckt / kalt gelassen / zum Weinen gebracht / zum Lachen gebracht.	The film moved me / deeply impressed me / left me cold / made me cry / made me laugh.
Ich konnte mit dem Film wenig / nichts anfangen.	The film didn't really appeal to me (very much).
Der Film ist	The film is
originell / spannend / wichtig / sehenswert.	original / exciting / significant / worth seeing.
ein Abklatsch / langweilig / belanglos.	a poor imitation / boring / insignificant.
ein typischer Hollywoodfilm / abseits des Mainstreams.	a typical Hollywood film / outside the mainstream.
künstlerisch wertvoll.	of great artistic value.
traurig / komisch / romantisch / spannend / verstörend.	sad / funny / romantic / exciting / disturbing.
Der Film ist lieblos heruntergedreht.	The film has a slapdash feel to it.
Der Film hat eine starke / beunruhigende / verstörende Bildersprache.	The film's imagery is strong / unsettling / disturbing.
Ich würde mir den Film nicht noch einmal / immer wieder ansehen.	I wouldn't watch the film again. / I could watch the film over and over again.

I. Texte richtig schreiben

Filmische Mittel

Shot – Kameraeinstellung / Einstellungsgröße

establishing shot = Establishing Shot	Eine sehr offene weite Einstellung meist zu Anfang einer Szene. Sie führt den Spielort ein. Dabei bewegt sich die Kamera von oben nach unten. Eindrückliche Beispiele sind die jeweils ersten Einstellungen der *Star Wars* Filme.
long shot = Totale	Diese Einstellung kommt mitten in einer Szene vor. Im Gegensatz zum *establishing shot* fehlt ihr die charakteristische Kamerabewegung. Füllt eine Person beinahe die gesamte Höhe der Leinwand aus, gilt dies ebenfalls als *long shot*.
medium shot = amerikanische Einstellung	Die Schauspieler werden von der Hüfte aufwärts gezeigt. Es kann zusätzlich Bildhintergrund gezeigt werden.
close-up = Großaufnahme	Diese Einstellung zeigt den Schauspieler ungefähr von den Schultern aufwärts.
extreme close-up = Detailaufnahme	Ein *close up* zeigt nur Details, z. B. Augen oder Mund eines Darstellers.
point-of-view shot = subjektive Einstellung	Die Kamera befindet sich ungefähr auf Augenhöhe. So nimmt man die Geschehnisse mit den Augen eines Betroffenen war. Häufig wackelt die Kamera, um weitere Intensität zu erzeugen. Dies ist oft in Horrorfilmen zu finden, z. B. in *The Blair Witch Project*.

Camera movement – Kamerabewegung

pan, panning shot = Schwenk	Ein Schwenk mit der Kamera von rechts nach links oder umgekehrt. Die Kamera ist auf einem Stativ montiert und bleibt auf einer Höhe.
tilt = vertikaler Schwenk	Wie der *pan* mit einem Unterschied: Die Kamera bewegt sich in der Vertikalen, also von oben nach unten oder umgekehrt.
tracking / dolly shot = Kamerafahrt, Mitschwenk	Die Kamera ist auf Schienen montiert und verfolgt ein bewegliches Objekt. Beim *tracking shot* verfolgt die Kamera das Objekt mit gleich bleibendem Abstand. Beim *dolly shot* bewegt sich die Kamera auf das Objekt zu bzw. davon weg.

Filmrezensionen verfassen

zoom = Zoom — Beim *zoom in* wird ein Bild näher herangeholt. Beim *zoom out* entfernt sich die Kamera optisch vom betreffenden Gegenstand. Beidem liegt eine Veränderung am Objektiv zugrunde.

Editing – Schnitttechnik

cut = Schnitt	Eine Einstellung wird von einer anderen abgelöst *(cut to, cut from)*.
cross cutting = Umschnitt	Zwischen zwei oder mehreren verschiedenen Handlungssträngen wird hin- und hergeschnitten. Dadurch werden die Handlungen als gleichzeitig wahrgenommen.
fade in / out = Aufblende / Abblende	Eine Einstellung wird zu einem schwarzen Bild abgedunkelt. Anschließend geht sie in eine neue Einstellung über. So wird ein Wechsel von Ort und Zeit verdeutlicht.
jump-cut = Jump Cut	Bei dieser Schnitttechnik werden größere Teile der Handlung weggeschnitten. Trotzdem soll dem Betrachter vermittelt werden, dass die betreffenden Szenen stattgefunden haben. Beispiel: Ein Mann verlässt das Haus. In der nächsten Einstellung betritt er einen riesigen Bürokomplex. Klar ist: Der Mann ist dorthin gekommen. Ob mit dem Auto oder zu Fuß wird nicht erläutert. Es ist für den Verlauf der Geschichte nicht wichtig.
matched cut = parallele Einstellung	Eine Einstellung endet mit einer bestimmten Bildkomposition. Diese wird in der nächsten Einstellung erneut aufgenommen. So entsteht ein starker Zusammenhang zwischen beiden Szenen.
dissolve = Mischbild	Eine Einstellung wird von der nächsten überlagert.

II. Gut zu wissen!

Richtig recherchieren 98
Mind-Map: Gedanken einfach
und schnell sortieren 99
Literarische Genres 100
Metrum 103
Reim 104
Stilmittel 106
Kommasetzung im Englischen –
die wichtigsten Regeln 108
Die Verwendung des Apostrophs 109
Richtig zitieren 110
Quellenangaben machen 111
Eine Zusammenfassung schreiben 112

II. Gut zu wissen!

Richtig recherchieren

Nicht auf das Aussehen, auf die inneren Werte kommt es an! Was für Freundschaft und Liebe gilt, trifft auch auf einen richtig guten Text zu. Hält er alle wichtigen Informationen zu einem Thema bereit, zieht er die Leser in seinen Bann. Werden Sie deshalb zum Detektiv! Spüren Sie die Hintergründe und Umstände eines Ihnen unbekannten Sachverhalts auf. Dann fällt es Ihnen leichter, darüber einen gelungenen Text zu verfassen – egal, wie komplex das Thema auch sein mag.

Schritt 1: Um was soll es gehen?
- Überlegen Sie genau, welches Thema der Text behandeln soll.
- Klären Sie Ihnen unbekannte Begriffe.
- Machen Sie sich Notizen. Diese dürfen unsortiert sein. Es reichen Stichwörter. Einfach, was Ihnen im Kopf herum schwirrt!

Schritt 2: Die Recherche
- Nutzen Sie zunächst gewöhnliche Lexika, um einen Einstieg ins Thema zu finden.
- Anschließend beantworten Fachbücher die spezielleren Fragestellungen.
- Schalten Sie erst dann den Computer ein. Das Internet bietet eine Fülle von Informationen zu allen erdenklichen Themen. Doch Vorsicht! Achten Sie darauf, dass auf den Websites klar zu erkennen ist, woher die darauf veröffentlichten Daten stammen. Angaben über den Herausgeber finden Sie im sogenannten „Impressum". Manchmal ist auch ein Quellenverzeichnis aufgeführt. Nur so können Sie belegen, woher Ihr Wissen stammt. Das ist gerade bei strittigen Themen ratsam. Diese stellen die Autoren oft aus einem sehr persönlichen Blickwinkel dar.
- Machen Sie auch hierzu Notizen. Diese dürfen etwas ausführlicher sein.

Schritt 3: Die Gedanken sortieren
- Bei vielen Informationen verliert man schnell den Überblick
- Strukturieren Sie nun die unsortierten Notizen aus Schritt 1 und 2. Eine gute Möglichkeit hierfür ist die Mind-Map (siehe Infofenster *Mind-Map* auf der gegenüberliegenden Seite). Manchmal bietet sich auch eine Tabelle an.
- Ergänzen Sie Ihre sortierten Aufschriebe mit Kopien oder Ausdrucken aus dem Internet

II. Gut zu wissen!

Mind-Map: Gedanken einfach und schnell sortieren

Manchmal ist der eigene Kopf mit Ideen so voll gestopft wie ein großer Teller am Nachtischbüfett – zum Beispiel, wenn Sie einen Text schreiben wollen. Aber welche Informationen sind dabei wirklich wichtig? Und welche Reihenfolge macht am meisten Sinn? Mit einer **Mind-Map** (engl. etwa „Gedanken-Landkarte") lassen sich die eigenen Gedanken übersichtlich sortieren.

Wofür Sie die Mind-Map genau einsetzen, bleibt Ihnen überlassen. Mögliche Anwendungsbereiche sind: Sie erstellen einen Sachtext, Sie machen ein Brainstorming, Sie planen einen Vortrag, Sie strukturieren Gelerntes für die Vorbereitung einer Klassenarbeit, Sie strukturieren Informationen aus einem Text.

Tipps für eine hilfreiche Mind-Map:

- Verwenden Sie unliniertes Papier. Das Blatt sollte mindestens das Format A4 haben.
- Legen Sie das Papier quer, um seitlich genügend Platz zu haben.
- Das Thema steht in der Mitte, eventuell mit einer Zeichnung verdeutlicht.
- Zeichnen Sie für jedes Schlüsselwort einen neuen Hauptast.
- Benutzen Sie für jeden Hauptast eine eigene Farbe.
- Jeder Hauptast wird in derselben Farbe mit dem Schlüsselwort in Blockbuchstaben beschriftet.
- Die Hauptäste sind mit dem Mittelpunkt verbunden und werden zum Mittelpunkt hin dicker.
- Jeder Hauptast kann sich in weitere Zweige verästeln. Damit alles verständlich bleibt, sollten Sie nicht mehr als sieben Zweige pro Hauptast einsetzen.
- Benutzen Sie für die Zweige dieselbe Farbe wie für den Hauptast.
- Die Zweige werden ebenfalls in derselben Farbe mit Unterbegriffen versehen.
- Zweige sind mit den Hauptästen verbunden und dünner gezeichnet als die Hauptäste.
- Benutzen Sie Symbole (z. B. ein Ausrufezeichen für „wichtig", Pfeile, Bilder).
- Sie können die Zweige nummerieren. Dadurch entsteht eine chronologische Reihenfolge. Das kann z. B. hilfreich sein, wenn Sie einen längeren Text erstellen. Dann entspräche Zweig Nummer 1 dem Kapitel 1.
- Gestalten Sie jede Mind-Map ein wenig schöner, phantasievoller und farbiger als die vorhergehende.

II. Gut zu wissen!

Literarische Genres

adventure novel = Abenteuerroman	Im Mittelpunkt des **Abenteuerromans** steht eine Abfolge aufregender und gefährlicher Geschehnisse. Die Personen und ihre Absichten treten dabei in den Hintergrund. Die spannende Handlung an sich ist am wichtigsten.
autobiography = Autobiografie	Ein Buch über das eigene Leben. Oft schreibt die betreffende Person die **Autobiografie** nicht selbst. Sie lässt den Text von jemand anderem anfertigen. Dieser sogenannte Ghostwriter wird aber nicht als Autor genannt.
biography = Biografie	**Biografien** beschreiben die wichtigsten Stationen im Leben einer oftmals berühmten Person. Im Gegensatz zum Lebenslauf ist eine Biografie ein langer erzählender Text. Meist liest er sich ähnlich wie ein Roman.
campus novel = Campus-Roman	**Campus novels** spielen meist an Universitäten (engl. *campus* = Universitätsgelände). Die Handlung ist komisch oder satirisch. Häufig dreht sich die Geschichte um menschliche Schwächen. Manche campus novels sind allerdings ähnlich wie ein Krimi aufgebaut. Seltener behandeln sie tragische oder ernsthafte Themen.
comedy = Komödie	Die **Komödie** ist eine Unterform des Dramas. Sie steht im Gegensatz zur *Tragödie* (siehe unten). Inzwischen weist die Komödie als Hauptmerkmal tatsächlich **Komik** (lustige Situationen oder Handlungen) auf. Früher war dies jedoch nicht der Fall. In der **Shakespearian Comedy** war das glückliche Ende zentrales Kennzeichen.
crime fiction = Kriminalliteratur, Krimi	In **Kriminalromanen** dreht sich meist alles um ein Verbrechen. Ein Ermittler oder ein Team versuchen die Geschehnisse aufzuklären. Oft stehen diese Personen im Mittelpunkt der Handlung. Die meistens Krimis ergründen die psychologischen oder gesellschaftlichen Ursachen und Umstände von Verbrechen. Auch der klassische **Detektivroman** gehört zu diesem Genre. Dabei hat ein genialer Detektiv mit häufig übermenschlichen Fähigkeiten die Hauptrolle, z. B. in Arthur Conan Doyles *Sherlock Holmes*.

II. Gut zu wissen!

dystopia = Anti-Utopie	Die **Dystopia** entwirft meist eine Horror-Vision der Zukunft. Dabei greift das Genre aktuelle Ängste der Menschen auf, z. B. die Sorge vor einer Atomkatastrophe. Solche Texte lösen immer wieder breite Diskussionen in der Öffentlichkeit aus. Zwei bekannte Beispiele sind George Orwells *1984* und Aldous Huxleys *Brave New World*.
epic = (Helden)epos	In einem **Epos** dreht sich alles um einen (Volks)helden und seine Abenteuer. Das dramatische Gedicht ist in gehobener Sprache verfasst. Die Hauptfigur begibt sich meist auf eine Reise. Währenddessen muss der Held verschiedene Aufgaben meistern, z. B. einen Drachen töten. Unterwegs begegnen ihm viele Gegner, die er besiegen muss. Am Ende kehrt der Held als besserer Mensch nach Hause zurück.
fable = Fabel	In einer **Fabel** spielen Tiere, Pflanzen oder Naturkräfte die Hauptrolle. Sie bekommen menschliche Eigenschaften zugeschrieben, z. B. sprechen oder sich verlieben. Fabeln sollen den Menschen vermitteln, was gut und schlecht ist: sie erzeugen eine **Moral**.
fantasy fiction = Fantasyliteratur	**Fantasyromane** spielen in erdachten Welten. In diesen gelten oftmals andere Gesetze als in unserer Realität, z. B. können Menschen fliegen. Meist kommen auch nicht menschliche Wesen in der Handlung vor, z. B. Elfen und Trolle. J.R.R Tolkiens Trilogie *Lord of the Rings* ist eines der bekanntesten Werke der Fantasyliteratur.
gothic novel = Schauerroman	Der **Schauerroman** ist ein Vorläufer des Horror-Romans. Er befasst sich mit übernatürlichen Kräften, Gespenstern, Vampiren und dergleichen. Meist spielen **gothic novels** in abgelegenen Schlössern oder Burgen, in denen eine unheimliche Atmosphäre herrscht. Dort werden die Hauptfiguren von den Schreckgestalten bedroht. Einer der wichtigsten Vertreter dieses Genres ist Mary Shelleys *Frankenstein*.
historical fiction = Historische Literatur	Die Handlung eines **historischen Romans** besteht aus teils erfundenen, teils tatsächlich existierenden Ereignissen oder Personen. Meistens sind die Figuren erfunden und die Handlung historisch korrekt. Manchmal erlebt aber eine reale Person eine ausgedachte Handlung.

II. Gut zu wissen!

romance = Romanze	Der Begriff der **Romanze** hat mehrere Bedeutungen. Zum einen handelt es sich dabei um Reiseerzählungen. Diese weisen oft einen unrealistischen Inhalt auf, z. B. *Don Quijote*. Zum anderen sind damit auch romantische Liebesgeschichten mit vorhersehbarem Handlungsverlauf gemeint.	
satire = Satire	Die **Satire** bedient sich der **Ironie**, der **Parodie** und der **Übertreibung**. Dadurch verweist der Autor auf individuelle oder allgemeine menschliche Schwächen. Diese werden schonungslos offen gelegt. Berühmte Autoren satirischer Werke sind z. B. Jonathan Swift, Mark Twain und Aldous Huxley.	
science fiction = Sciencefiction	**Science-Fiction-Texte** spielen meist in der Zukunft. Manchmal handeln sie aber auch von einer erfundenen Welt. Dieses Genre beschäftigt sich mit den (noch) nicht realisierbaren Möglichkeiten der Technik und deren Auswirkungen, z. B. Zeitreisen oder Leben auf dem Mond. **Sciencefiction** überschneidet sich teilweise mit dem **Fantasyroman** und der **Utopie**.	
slave narrative = Sklavenliteratur	**Sklavenerzählungen** gibt es seit dem 18. Jahrhundert. Sie befassen sich mit den Schicksalen versklavter Afrikaner in den Britischen Kolonien und in Amerika. Die meisten dieser Texte orientieren sich an einer realen Biographie. Sie wird oftmals angereichert mit erfundenen Handlungselementen.	
tragedy = Tragödie	Die Hauptfigur einer **Tragödie** scheitert am eigenen Leben. Meist endet die Geschichte mit dem **Tod des Protagonisten**. Die Hauptfigur hat oftmals einen **Charakterfehler**. Dieser sogenannte **tragic flaw** ist die Ursache aller Probleme. Beim tragic flaw kann es sich aber auch um ein ‚schuldloses Scheitern' handeln. Dann begeht die Hauptfigur einen Fehler, dessen sie sich aber nicht bewusst ist. Der tragic flaw ist typisch für **Shakespeares Tragödien**. Besonders in der klassischen Tragödie ist außerdem die **Fallhöhe des Protagonisten** wichtig: Je höher er in der Gesellschaft gestellt ist, desto schlimmer ist die Niederlage für ihn. Eine typische Position wäre z. B. der König.	
utopia = Utopie	Eine **Utopie** befasst sich mit einem erdachten Land, in dem ein gesellschaftlicher Idealzustand herrscht. Darunter werden verschiedene Aspekte verstanden: arbeiten nur nach Lust, kein Geld als Währung, Gemeinschaftsbesitz usw. Der Begriff geht auf den Roman *Utopia* von Thomas Morus zurück.	

II. Gut zu wissen!

Metrum

Dam dam dam – was für ein Rhythmus! Bei einem guten Song geht er sofort in die Beine, bei einem Gedicht irgendwie in Ohr und Kopf. Das ist kein Zufall: das Versmaß, auch **Metrum** genannt, beschreibt die Melodie eines Gedichts. Diese unterschiedlichen Abfolgen von betonten und unbetonten Silben bezeichnet die Fachsprache mit Begriffen aus der Antike. Die wichtigsten sind **Jambus**, **Anapäst**, **Trochäus** und **Daktylus**.

1. Jambus

Der **iamb(us)**, auch **iambic foot** (Jambus) genannt, besteht aus einer bestimmten Abfolge von unbetonten und betonten Silben.

Bei einem **iambic pentameter** (fünfhebigem oder fünffüßigem Jambus) enthält eine Verszeile fünf betonte Silben:
> Shall **I** com**pare** thee **to** a sum**mer's day**?
> (Shakespeare, Sonnet 18)

Bei einem **iambic tetrameter** (vierfüßiger Jambus) enthält eine Verszeile vier, bei einem **iambic trimeter** (dreifüßiger Jambus) drei betonte Silben. Gemeinsam bilden sie das sogenannte **ballad metre**. Es hat das Reimschema X A X A. Das X bezeichnet eine Zeile ohne Reim – Beispiel:
> To **my** quick **ear** the **leaves** con**ferred**;   X
> The **bush**es **they** were **bells**;   A
> I **could** not **find** a **priv**acy   X
> From **Na**ture's **sen**tinels.   A
> (Emily Dickinson, To My Quick Ear the Leaves Conferred)

Besteht das Gedicht nur aus gereimten Zeilen, weist es das sogenannte **common metre** auf. Dieses folgt dem Reimschema A B A B.

2. Anapäst, Trochäus, Daktylus

Der **anapaest** oder **anapaestic foot** (Anapäst) besteht aus zwei unbetonten Silben, auf die eine betonte folgt. Jambus und Anapäst sind beide **rising metres**, d. h. sie laufen auf die betonte Silbe zu. Trochäus (**trochee** oder **trochaic foot**) und Daktylus (**dactyl** oder **dactylic foot**) sind hingegen falling metres. Sie laufen auf eine unbetonte Silbe zu. Der Trochäus weist eine betonte und eine unbetonte Silbe auf. Den Daktylus kennzeichnen eine betonte und zwei unbetonte Silben. Auch die **falling metres** treten in verschiedenen Zeilenlängen auf: als **trimeter** (drei), **tetrameter** (vier), **pentameter** (fünf) oder **hexameter** (sechs). Allerdings sind **falling metres** in der angelsächsischen Dichtung eher unüblich. Ein Beispiel wäre dennoch Henry Wadsworth Longfellow's The Song of Hiawatha, das im vierfüßigen Trochäus geschrieben ist:
> **By** the **shores** of **Git**che **Gu**mee,
> **By** the **shin**ing **Big**-Sea-**Wa**ter,
> **Stood** the **wig**wam **of** No**kom**is,
> **Daugh**ter **of** the **Moon**, No**kom**is.

II. Gut zu wissen!

Reim

Was ist typisch für ein Gedicht? Dass es sich reimt! Wörter, die gleich oder ähnlich klingen, machen einen **Reim** aus. Diese Wörter stehen meist am Ende einer Zeile. Doch nicht das ganze Wort reimt sich, sondern nur dessen Endsilben. Eine Endsilbe ist die letzte Silbe eines Wortes. Klingt sie gleich oder ähnlich wie die Endsilbe eines anderen Wortes, entsteht der **Reim**. Solche **Reime** unterscheiden zusammen mit dem **Metrum** einen lyrischen von einem prosaischen Text. In der modernen Lyrik hat die Bedeutung des Reims jedoch abgenommen.

Das Englische unterscheidet Reime nach bestimmten Kriterien:
Betonung
Stellung
weitere Aspekte

a) Betonung
Masculine rhyme (männlicher Reim): Die Betonung liegt auf der letzten Silbe einer Verszeile. Beispiel:
*Humpty Dumpty sat on a **wall**.*
*Humpty Dumpty had a great **fall**.*
(Kinderreim)

Feminine rhyme (weiblicher Reim) und **multisyllabic rhyme** (mehrsilbiger Reim): Zwei oder mehrere Silben am Ende eines Verses reimen sich. Dabei ist die letzte Silbe unbetont. Beispiel:
*A woman's face with nature's own hand **painted**,*
*Hast thou, the master mistress of my **passion**;*
*A woman's gentle heart, but not **acquainted***
*With shifting change, as is false women's **fashion***
(Shakespeare, *Sonnet 20*)

b) Stellung
End rhyme oder **tail rhyme** (Endreim): Die gereimten Wörter stehen am Ende einer Verszeile. Das gilt als die häufigste Reimform.

Internal rhyme (Binnenreim): Die Wörter reimen sich innerhalb einer Zeile. Beispiel:
*Once upon a midnight **dreary**, while I pondered, weak and **weary**,*
Over many a quaint and curious volume of forgotten lore,
*While I nodded, nearly **napping**, suddenly there came a **tapping**,*
*As of someone gently **rapping**, **rapping** at my chamber door.*
(Edgar Allen Poe, *The Raven*)

II. Gut zu wissen!

Initial rhyme (Anfangsreim): Die Wörter reimen sich am Zeilenanfang. Das ist eine eher unübliche Reimform. Häufiger kommt die **alliteration** (Stabreim) vor, bei der die betonten Stammsilben zweier oder mehrerer benachbarter Wörter denselben Anfangslaut haben. Die **alliteration** ist eine Unterform des initial rhyme. Beispiel:
We heard the sea sound sing, we saw the salt sheet tell.
(Dylan Thomas, *Lie Still, Sleep Becalmed*)

c) Weitere Aspekte

Imperfect rhyme (unreiner Reim oder ‚Beinahereim'): Die hörbare Lautfolge der Reimsilben stimmt nur fast überein. Beispiel: wing – caring

Eye rhyme (Augenreim): Die Wörter sehen so aus, als reimten sie sich. Spricht man sie aus, ist dies aber nicht der Fall. Beispiel: cough – bough, love – move
Sprache unterliegt einem steten Wandel. Deshalb kann es sein, dass einiger dieser Wörter sich früher gereimt haben. Heutzutage werden sie jedoch nicht mehr so ausgesprochen.

Sind die Zeilen des Gedichts nicht gereimt, spricht man von einem **blank verse** (Blankvers). Er ist typisch für die Texte Shakespeares. Beispiel:
Life's but a walking shadow, a poor player
That struts and frets his hour upon the stage
And then is heard no more: it is a tale
Told by an idiot, full of sound and fury,
Signifying nothing.
(William Shakespeare, *Macbeth*)

II. Gut zu wissen!

Stilmittel

alliteration = Alliteration
Wiederholung gleicher Anfangslaute bei aufeinanderfolgenden Wörtern, um eine größere Einprägsamkeit zu bewirken (= to give emphasis).

It is the most **v**igorous, **v**ivid sign of life …
Peter **P**iper **p**icked a **p**eck of **p**ickled **p**eppers …

---

allusion = Anspielung
Anspielung auf eine Person, einen Gegenstand, einen Ort, ein Konzept, ein Ereignis aus der Geschichte oder der Literatur.

to meet one's Waterloo
(allusion to Napoleon's defeat in the Battle of Waterloo)

the Scrooge syndrome
(allusion to the rich, cold-hearted and miserly character of Scrooge in Charles Dickens' A Christmas Carol)

---

anaphora = Anapher
Wiederholung eines Wortes oder einer Wortgruppe in aufeinanderfolgenden Sätzen, Versen usw.

"**We shall fight** on the beaches, **we shall fight** on the landing grounds […]" (Churchill)

"**It was the** best of times, **it was the** worst of times […]"
(Charles Dickens, *A Tale of Two Cities*)

---

assonance = Assonanz
Wiederholung gleich oder ähnlich klingender Vokale in benachbarten Wörtern, um einen klanglichen Effekt zu erzeugen (= to achieve a musical effect).

"That solit**u**de which s**ui**ts abstr**u**ser m**u**sings […]"
(Samuel Taylor Coleridge, *Frost at Midnight*)

---

ellipsis = Ellipse
Weglassen von Satzteilen.

"Been to the cinema lately?" he asked.
(instead of "Have you been … ")

Do that again and I'll …!

---

hyperbole = Hyperbel
Bewusste Übertreibung, um etwas hervorzuheben oder Humor auszudrücken (= used for emphasis or humorous effect).

I'm so hungry I could eat a horse.

I'm so tired I could sleep for a week.

---

imagery = bildhafte Sprache
Bildhafte Sprache, oft aus einem bestimmten Bereich (Natur, Tierwelt), um Assoziationen und Bilder zu erzeugen (= create a picture in one's head).

"Thy foliage, like the tresses of a Dryad, Dripping about thy slim white stem […]"
(James Russell Lowell, *The Birch-Tree*)

II. Gut zu wissen!

inversion = Inversion Wortumstellung, um etwas hervorzuheben (= to make something stand out).	"A damsel with a dulcimer in a vision once I saw [...]" (Samuel Taylor Coleridge, *Kubla Khan*)
irony = Ironie Das Gegenteil von dem sagen, was man eigentlich meint.	Oh great, just what we needed. *(to express displeasure)* Wonderful! *(to express disappointment)* How kind! *(as a protest at some action)*
metaphor = Metapher Gebrauch bekannter Wortbedeutungen in einem übertragenen Sinn, um dadurch ungewöhnliche oder überraschende Zusammenhänge herzustellen.	"All the world's a stage, And all the men and women merely players; They have their exits and their entrances" (Shakespeare, *As you Like it*)
onomatopoeia = Lautmalerei Imitierung eines realen Lautes durch klanglich ähnliche Wörter.	steaks **sizzling** in the pan the gentle **susurration** of the trees
paradox = Paradoxon Scheinbarer Widerspruch, der jedoch eine tiefere Wahrheit veranschaulicht.	"It is awfully hard work doing nothing." (Oscar Wilde, *The Importance of Being Earnest*) "The more unintelligent a man is, the less mysterious existence seems to him." (Arthur Schopenhauer)
personification = Personifizierung Menschliche Eigenschaften an Tiere, Gegenstände oder Ähnliches zuweisen.	The terror that walks by day and night ... "[autumn] sitting careless on a granary floor [...]" (John Keats, *Ode to Autumn*)
simile = Vergleich Vergleich zweier unterschiedlicher Dinge oder Ideen unter Verwendung von ‚like' oder ‚as'.	"And the river was there – fascinating – deadly – like a snake." (Joseph Conrad, *Heart of Darkness*) He was as sly as a fox.
synecdoche = Synekdoche Ein Wort wird durch einen Begriff aus demselben Begriffsfeld (z. B. ein Teil steht für das Ganze oder umgekehrt) ersetzt.	his parents bought him a new **set of wheels** [= car] he paid with **plastic** [= credit card] instead of cash **England** [= the England football team] won 5-0

II. Gut zu wissen!

Kommasetzung im Englischen – die wichtigsten Regeln

- Beginnt ein Bedingungssatz mit dem *If*-Satz, wird dieser mit einem Komma vom Hauptsatz getrennt:
  If you've got time on Friday, we could go to the cinema.
- Nicht einschränkende Relativsätze werden durch Kommata abgetrennt:
  Lisa, who lives next door, is a vet. [= Es gibt nur eine Lisa.]
- Einschränkende Relativsätze erhalten jedoch <u>kein Komma</u>:
  Lisa who lives next door is a vet. [= Es gibt mehrere Lisas. Der Sprecher meint die, die nebenan wohnt.]
- Verbindende Wörter und Ausdrücke, wie **well**, **besides**, **however**, **therefore**, **nevertheless**, **anyway** etc., die am Satzanfang oder in der Mitte des Satzes stehen, werden durch ein Komma abgetrennt:
  My friend, however, only likes hip-hop.
  Anyway, we've decided to go after all.
- Adverbiale in der Anfangs- oder Mittenposition eines Satzes werden von einem Komma getrennt:
  Suddenly, she leaned forward and kissed him.
- Steht der Begleitsatz am Anfang, wird vor der direkten Rede ein Komma gesetzt:
  He said, "You're just in time."
- Steht die direkte Rede am Anfang, dann steht bei einem Aussagesatz ein Komma statt einem Punkt <u>vor</u> den schließenden Anführungszeichen. Der Punkt des Aussagesatzes entfällt.
  "I have a better idea," he replied.
- Endet die direkte Rede mit einem Frage- oder Ausrufezeichen, wird <u>kein Komma</u> gesetzt.
  "Were you in London last year?" he asked.
  "Great!" she replied.
- Das Komma trennt Teile einer Auflistung. Geht dem letzten Teil der Liste ein **and** oder ein **or** voran, ist das Komma im britischen Englisch optional, wird jedoch im amerikanischen Englisch grundsätzlich gebraucht:
  He's a tall, handsome(,) and witty man.
  ... apples, peaches(,) or pears.
- Das Komma trennt zwei beigeordnete Sätze, wenn diese länger oder komplexer sind:
  I decided to go home earlier than I had originally planned, but the others rocked away on the dance floor until they were thrown out the next morning.
  I went home but the others went out dancing. [kein Komma notwendig]
- ‚Tag questions' werden durch ein Komma vom restlichen Satz abgetrennt:
  You've been to Hong Kong, haven't you?
- Im Gegensatz zum Deutschen steht <u>kein Komma vor **that**</u> (dass):
  She didn't think that he was right.

II. Gut zu wissen!

Die Verwendung des Apostrophs

- Bei zusammengezogenen Wörtern, sogenannten Kontraktionen, werden die ausgefallenen Buchstaben durch einen Apostroph ersetzt:
  can't (cannot)   **it's** (it is / it has)   **I'd** (I would / I had)   **who's** (who is / who has)

- Um Besitz anzuzeigen wird bei Substantiven im Singular vor dem Genitiv -s, im Plural nach dem Genitiv -s ein Apostroph gesetzt (bei unregelmäßigen Pluralformen jedoch ebenfalls vor dem Genitiv -s):

Singular:	Plural:	Unregelmäßiger Plural:
the boy's mother	three hours' walk	the children's shoes

  Bei Namen und Personen, die auf –s, -z, -ch, -ss enden, wird ebenfalls ein 's angehängt. Bei Wörtern, die auf -s enden, kann das ‚s' auch weggelassen werden. Der Apostroph ist allerdings ein Muss:
  Charles'(s) birthday   Liz's mobile phone   the boss's office

- Bei Wörtern, die normalerweise keinen Plural bilden (z. B. Buchstaben, Zahlen und Abkürzungen), wird der Plural durch einen Apostroph eingeleitet:
  She writes t's instead of d's.   He was born in the early 1960's.

- Beachten Sie, dass normale Pluralformen mit Apostroph falsch sind:
  apples 60p   NICHT = ~~apple's~~ 60p

II. Gut zu wissen!

Richtig zitieren

Klausuren beziehen sich oft auf einen bestimmten Text, z. B. einen Roman. Dann müssen Sie Ihre Behauptungen in der Klausur anhand konkreter Textstellen belegen. Geben Sie dazu die betreffende Stelle in Klammern mit der Seiten- und Zeilenzahl an *(page xx, line yy)*. Sie können auch wörtliche Zitate aus dem Text übernehmen. Diese setzen Sie in Anführungszeichen. Anschließend erwähnen Sie ebenfalls die Seite und die Zeile(n), auf die Sie sich beziehen. Beispiel:
> *The author is using a metaphor when he talks about the "shipwreck of communism" (p. 19, l. 13-14).*

Binden Sie wörtliche Zitate sinnvoll in den Text ein.

Auch bei **Handouts** und **Facharbeiten** ist eine korrekte Zitierweise wichtig. Sie schützt das geistige Eigentum des Verfassers. Die Quelle muss sowohl bei wörtlichen Zitaten als auch bei sinngemäßen Umschreibungen angegeben werden. Dies ist relevant, wenn sich die Umschreibung auf eine konkrete Passage im Originaltext bezieht. Am Ende des Zitats wird ein Fußnotenzeichen eingefügt. In der Fußnote erscheint die Literaturangabe (siehe Infokasten *Quellenangaben machen* auf der gegenüberliegenden Seite).

Ein wörtliches Zitat wird mit doppelten Anführungszeichen (im Englischen beide oben) versehen. Bei Zitaten innerhalb eines anderen Zitats werden einfache Anführungszeichen oben benutzt:
> *"In Johnson's analysis it is stated that 'the imagery works mainly on the metaphoric level'".*

Längere Zitate (etwa ab drei Zeilen) bekommen einen neuen Absatz. Dieser wird eingerückt. Bei längeren Zitaten werden die Anführungszeichen weggelassen. Beispiel:
> A more modern example of free verse, typically spare and bare, is from Samuel Beckett, *"Something there"*:
> *something there*
> *where*
> *out there*
> *out where*
> *outside*
> *what*
> *the head what else*

Bei manchen Zitaten sollten Sie Unklarheiten beseitigen. Dies ist z. B. der Fall, wenn ein Pronomen keinen eindeutigen Bezug mehr hat. Setzen Sie den Bezug in eckige Klammern. Beispiel:
> *"He [George Orwell] had written a number of novels before 1984".*

Auch das Kürzen eines Zitats wird durch eckige Klammern deutlich gemacht:
> *"He had written […] novels before 1984."*

II. Gut zu wissen!

Quellenangaben machen

Das könnte ja alles ausgedacht sein! Egal, ob Sie einen Text selbst verfassen oder einen Fachtext lesen: Quellenangaben spielen in beiden Fällen eine wichtige Rolle. Dadurch kann der Leser nachvollziehen, woher die verwendeten Informationen stammen. Gibt es keine Quellenangaben oder nur solche „unseriösen" Ursprungs, wird das Stück zu Recht in Zweifel gezogen. Leider gibt es keine allgemein gültigen Regeln, wie Quellenangaben „korrekt" gemacht werden. Fragen Sie im Zweifel nach, welches Verfahren Ihr Lehrer oder Ihre Lehrerin bevorzugt.

Beispiele für Quellenangaben in Fuß- oder Endnoten:

Fachliteratur

- Größere wissenschaftliche Darstellungen, die einem einzigen Thema gewidmet sind, können von einem einzelnen Autor oder einem Autorenkollektiv geschrieben sein.
  Sanders, Andrew. *The Short Oxford History of English Literature.* New York: Oxford University Press, 1994.
- Mehrere Autoren werden wie folgt angegeben:
  Morgan, Philip and Sean Hawkins. *Black Experience and the Empire.* Oxford: Oxford University Press, 2004.
- Bei mehr als drei Autoren reicht es, wenn der erste Teil des Eintrages folgendermaßen lautet:
  Nachname, Vorname et al. (= et alii, lat. *und andere*)

Hierbei wird als erster Nachname derjenige angegeben, der auch im Buch als erster steht.

Sammelbände und Journale

Sammelbände und Journale enthalten Artikel von unterschiedlichen Autoren. Im Unterschied zur Monografie ist eindeutig zu erkennen, welcher Artikel von welchem Autor stammt. Der Name des Artikels steht in Anführungszeichen, der Name des Buches jedoch wieder kursiv. „Eds." steht für *Editors*, also Herausgeber. Handelt es sich nur um einen einzelnen Herausgeber, schreibt man „Ed.". Ähnlich werden auch Artikel aus Fachjournalen und Zeitungen kenntlich gemacht. Dabei gilt der Titel des Fachjournals oder der Zeitung als Buchtitel. Beispiel:
  Capelle, Bert. "And up it rises: particle preposing in English." *Verb-Particle Explorations*. Eds. Dehé, Nicole et al. Berlin: Mouton de Gruyter, 2002. 43 – 66.
  Schwarz, B. «Where is Cultural Studies?» *Cultural Studies* 8. (1994)

Internet

Verwenden Sie Informationen aus dem Internet, müssen Sie zwei Zeitpunkte angeben: das Entstehungsdatum der Website (falls dies festzustellen ist) und den Tag Ihres Zugriffs. Außerdem benennen Sie die www-Adresse. Beispiel:
  Holloway, Clark J. *The Holloway Pages: Shakespeare Page*, 1999. [online]
  Verfügbar unter: [http://hollowaypages.com/Shakespeare.htm]. [05.10.2011]

II. Gut zu wissen!

Eine Zusammenfassung schreiben

Was haben ein Filmtrailer im Kino und eine gute Textzusammenfassung *(summary)* gemeinsam? Beide geben einen inhaltlichen Überblick und wecken das Interesse des Betrachters, mehr zu erfahren. Folgende Regeln sollen Ihnen helfen, wesentliche Punkte Ihres Textes wiederzugeben.

Schritt 1: Vorbereitung

- Lesen sie den Text, <u>ohne</u> sich Notizen zu machen. Konzentrieren Sie sich dabei auf die Hauptaussage.
- Formulieren Sie in einem Satz die Hauptaussage. Stellen Sie sich die *wh-questions* (*who*, *what*, *where*, *when* und *why*), um den Kern des Textes zu erfassen.
- Markieren Sie im Text die Punkte, die die Hauptaussage unterstützen.
- Markieren Sie die Teile im Text, die logische Übergänge enthalten. Hierbei sollten Details, Beschreibungen und unnötige Erklärungen ausgelassen werden.

Schritt 2: Schreiben

- Erwähnen Sie im ersten Satz der Zusammenfassung Autor, Titel und Hauptaussage des Textes.
- Formulieren Sie anhand der Punkte unter *Schritt 1: Vorbereitung* Ihre Zusammenfassung. Verzichten Sie dabei auf eigene Bewertungen.
- Beenden Sie die Zusammenfassung mit einem Schlusssatz, der die Bedeutung bzw. Absicht des Artikels wiedergibt. Dabei ist die Sicht des Autors und nicht Ihre eigene gefragt.
- Zusammenfassungen sollten nicht länger sein als ein Viertel des Originaltextes. Alternative: Ihnen wird eine konkrete Wortanzahl vorgegeben.

Schritt 3: Überarbeitung

- Sie sollten Ihre Zusammenfassung kürzen, wenn Sie die vorgesehene Länge überschritten haben:
  - Versuchen Sie Wörter zu entfernen, aber keine wichtigen Ideen.
  - Manchmal werden Nebensätze benutzt, um unklare Formulierungen zu konkretisieren. Streichen Sie den Nebensatz und versuchen Sie Klarheit in den Hauptsatz zu bringen.
- Überprüfen Sie den Text auf Stimmigkeit:
  - Haben Sie etwas Wichtiges ausgelassen?
  - Haben Sie die Hauptaussage eventuell verfälscht?
- Ist der Text sprachlich akzeptabel? Liest er sich gut?
- Überprüfen Sie die Rechtschreibung und Grammatik auf Flüchtigkeitsfehler.

II. Gut zu wissen!

III. Richtig präsentieren

Hinweise zur Erstellung von
Präsentationen 114
Die Einleitung 116
Der Hauptteil 124
Der Schluss 134

III. Richtig präsentieren

Hinweise zur Erstellung von Präsentationen

1. Zielsetzung
- Formulieren Sie in wenigen Sätzen das Thema.
- Wie sollen Sie das Thema aufbereiten? Was genau wird von Ihnen verlangt?

2. Brainstorming
- Sammeln Sie eigene Ideen zum Inhalt. Machen Sie sich Notizen.
- Sortieren Sie Ihre Notizen in einer Mind-Map (siehe Infofenster *Mind-Map* auf Seite 99).
- Markieren Sie unklare Punkte. Bei welchen Aspekten fehlen Ihnen noch Informationen?

3. Recherchephase
- Lesen Sie zunächst Texte, die einen Überblick geben. Widmen Sie sich erst dann Fachtexten.
- Machen Sie sich Notizen.
- Notieren Sie jede Quelle.

4. Gliederung
- Führen Sie Ihre Mind-Map und die Notizen aus Punkt 3 zusammen. Erstellen Sie anhand dessen eine Gliederung.
- Eine Präsentation sollte meist nicht mehr als fünf Hauptaspekte behandeln.
- Die wichtigsten Punkte einer Gliederung:
  Einleitung
  These 1 oder Theorie
  These 2 oder Anwendung
  Vergleich oder Zusammenfassung
  Schlussfolgerung / Ausblick

5. Erstellen der Präsentation
- Erstellen Sie einen Notizzettel mit den wichtigsten Stichworten. Dann verlieren Sie beim Sprechen nicht den Faden.
- Setze Sie die Ergebnisse aus Punkt 4 in PowerPoint-Folien um. Möchten Sie das Programm nicht verwenden, überlegen Sie sich andere Methoden zur Veranschaulichung, z. B. Tafelanschrieb.

Hinweise zur Erstellung von Präsentationen

- Suchen Sie einen spannenden/interessanten oder kontroversen Einstieg.
- Geben Sie zu Beginn anhand der Gliederung einen Überblick über die Präsentation.
- Die Schlussfolgerung fasst noch einmal die wichtigsten Punkte zusammen.

6. Handout

- Erstellen Sie ein Handout für die Zuhörer. Es enthält die wichtigsten Aspekte Ihres Vortrags. Das Handout sollte maximal zwei Seiten umfassen.
- Benennen Sie am Ende des Handouts Ihre Quellen (siehe Infofenster *Quellenangaben machen* auf Seite 111).
- Je nach Thema können Sie Ihren Zuhörern abschließende Aufgaben stellen. Sie können sich den Inhalt Ihres Vortrags dadurch besser merken. Klären Sie mit Ihrem Lehrer vorher ab, ob Aufgaben erwünscht sind.

7. Technische Hilfsmittel

- Wie möchten Sie Ihr Thema präsentieren? Mit PowerPoint mittels Beamer, mit ausgedruckten PowerPoint-Folien, mit Tafelanschrieben, Overhead-Projektor usw.?
- Falls Sie Folien erstellen: Sie sollten nicht den gesprochenen Text vorweg nehmen.
- Die Folien sollten auf einen Blick zu verstehen sein.
- Jede Folie sollte nur einen Schwerpunkt veranschaulichen.
- Ergänzen Sie Ihren Vortrag durch Bilder und Grafiken. Diese sind oft einprägsamer als geschriebener Text.
- Achten Sie auf die richtige Größe: Alle Folien und Anschriebe müssen von der letzten Reihe aus erkennbar sein.

III. Richtig präsentieren

Anrede und Begrüßung
Words of welcome

Meine sehr verehrten Damen und Herren ...	Ladies and gentlemen ...
Liebe Kolleginnen und Kollegen ...	Dear colleagues / fellow-workers ...
Liebe Kommilitonen ...	Dear fellow students ...
Guten Morgen, liebe Klassenkameraden.	Good morning.
Guten Morgen alle miteinander.	Good morning everybody.
Ich begrüße Sie / euch sehr herzlich in ... / zu ...	A warm welcome to ...
Ich heiße Sie / euch herzlich willkommen.	I bid you a warm welcome.
Ich freue mich, dass Sie / ihr so zahlreich erschienen sind / seid.	I'm delighted that so many of you have come.
Schön, dass Sie / ihr die Zeit gefunden haben / habt.	I'm glad you've managed to find the time.
Es freut mich, Sie / euch heute Morgen hier begrüßen zu dürfen.	I'm very happy / I'm delighted to welcome you here this morning.
Schön, dass Sie / ihr alle heute Morgen da sind / seid.	Nice to see you all this morning.
Ich freue mich, dass Sie / ihr bei diesem herrlichen Sonnenschein den Weg hierher gefunden haben / habt.	I'm delighted that you managed to come here on such a lovely day.

Andere und sich selbst vorstellen
Introducing others and yourself

Ich möchte mich gerne kurz vorstellen: ...	Let me briefly introduce myself: ...
Darf ich mich vorstellen: ...	May I introduce myself?
Mein Name ist ...	My name is ...
Ich heiße ...	I am ...
Die meisten von Ihnen / euch kennen mich ja, ich bin ...	Most of you already know me, I'm ...
Für diejenigen, die mich nicht kennen, ich bin ...	For those of you who don't know me, I am ...
Ich bin Schüler(in) der 10. Klasse.	I'm in year 10.
Ich bin Student(in) im 3. Semester.	I'm a student in my third semester.
Ich bin ein Praktikant / eine Praktikantin.	I'm doing work experience.
Ich arbeite als Übersetzer(in) / Ingenieur(in) / Journalist(in).	I'm a translator / an engineer / a journalist.

Die Einleitung

Ich arbeite im Bereich der Sprachwissenschaft / Genforschung.	I work in the field of linguistics / genetic research.
Ich interessiere mich schon lange für ...	For a long time I've been interested in ...
Heute steht hier mit mir ...	Here with me today is ...
Ich glaube, Sie kennen / ihr kennt alle ...	I think you know ...
Ich möchte gerne ... vorstellen.	I would like to introduce ...
Darf ich ... vorstellen?	May I introduce ...?
Wir arbeiten schon lange zusammen an diesem Projekt / Thema.	We've been working together on this project / topic for a long time.
Wir haben diese Präsentation gemeinsam vorbereitet.	We prepared this presentation together.
Während ich Sie / euch in das Thema einführe, wird mein Partner / meine Partnerin später das Datenmaterial erläutern.	I'll introduce the subject, and my partner will explain the data to you later.
Wir werden uns im Verlauf dieser Präsentation immer wieder abwechseln / ergänzen.	During this presentation we'll be taking turns.

Technische Fragen klären
Settling technical matters

Ist es zu hell?	Is the light too bright?
Soll ich die Rollos herunterlassen?	Should I close the blinds?
Soll ich die Lichter dimmen?	Should I turn the lights down?
Soll ich den Raum noch etwas verdunkeln?	Should I make the room a little darker?
Können Sie / Könnt ihr mich überall gut verstehen?	Can you all hear me properly?
Ist die Präsentation auch hinten noch gut zu erkennen?	Can you see the presentation clearly in the back rows, as well?
Können Sie /Könnt ihr alle die Folie lesen?	Can you all read the transparency?
Hier vorne ist noch Platz. Vielleicht möchten Sie / möchtet ihr noch etwas nach vorne kommen?	There's still room here at the front. Perhaps you'd like to move forward a little.
Können Sie / Könnt ihr mich überall gut verstehen?	Can you all understand me?
Spreche ich laut genug?	Am I speaking loudly enough?

III. Richtig präsentieren

Einen kleinen Moment, bitte. Die Technik / Der Beamer / Der Overheadprojektor spielt uns einen Streich.	One moment, please. The equipment / beamer / overhead projector is acting up.
Der CD-Spieler / der Videorekorder / der Computer funktioniert nicht.	The CD player / video recorder / computer isn't working.
Es läuft gerade leider etwas anders als geplant, aber vielleicht können wir erst mal mit ... weitermachen.	Things aren't quite going to plan, unfortunately, but perhaps we can carry on / continue with ... for the time being.
Entschuldigung für die kurze Unterbrechung, es geht sofort weiter.	I apologize for this brief interruption, we'll continue in just a moment.

Organisatorische Fragen klären
Settling organizational matters

Unterbrechen Sie / Unterbrecht mich ruhig, wenn etwas unklar sein sollte.	Please feel free to interrupt me if anything is unclear.
Melden Sie sich / Meldet euch, wenn Sie / ihr eine Frage haben / habt.	Just put your hand up if you've got a question.
Sie können / Ihr könnt während der Präsentation jederzeit Fragen stellen.	You can ask questions at any time during the presentation.
Stellen Sie / Stellt Fragen immer gleich, wenn sie auftauchen.	Please ask questions as soon as they arise.
Ich beantworte Ihre / eure Fragen am Ende der Präsentation.	I will answer your questions at the end of my presentation.
Es wird im Anschluss an die Präsentation genügend Zeit zur Diskussion geben.	There'll be plenty of time for discussion at the end of the presentation.
Alles in allem wird die Präsentation ungefähr zwanzig Minuten in Anspruch nehmen.	The whole presentation will take roughly twenty minutes
Die Präsentation wird ungefähr eine Stunde dauern.	The presentation will take about one hour.
Es gibt ein Handout, das ich gleich austeile.	There is a handout which I will pass round in a moment.
Ich teile das Handout nach der Präsentation aus.	I will distribute the handout after the presentation.
Sie bekommen / Ihr bekommt ein Handout, deshalb müssen Sie / müsst ihr nicht mitschreiben.	There will be a handout, so there's no need to take notes.

Die Einleitung

Einleitende Worte
Introductory words

Heute möchte ich über … sprechen.	Today I want to talk about …
Heute werde ich über … sprechen.	Today I will talk about …
Das heutige Thema ist: …	Today's topic is: …
Heute möchte ich mit Ihnen / euch ein wichtiges / interessantes / zentrales Thema besprechen.	Today I want to discuss with you an interesting / an important / a central topic.
Ich möchte Sie / euch in dieser Präsentation mit einem Thema vertraut machen, das …	In this presentation I would like to familiarize you with a subject which …
Sie haben sich / Ihr habt euch sicher schon einmal gefragt, …	You have almost certainly already asked yourselves …
Warum sollten wir eigentlich über dieses Thema / diesen Roman sprechen?	Why do we have to talk about this subject / novel at all?
Vielleicht ist Ihnen / euch schon einmal aufgefallen …	It may already have occurred to you … / Perhaps you have already noticed …
Wie kommt es eigentlich, dass …?	How can it be that …?
In letzter Zeit hat unser Thema an Aktualität gewonnen.	Our subject has recently taken on greater relevance.
Immer wieder hören wir in den Medien von / berichten die Medien über …	Very often, we hear in the media of / the media report about …
Es ist allgemein bekannt, dass …	It's common sense that …
Im Alltag begegnet uns immer wieder …	Every day we are confronted by / with …
Was hat dieses Thema eigentlich mit uns zu tun?	How does this topic actually concern us?
Dies ist ein Beispiel für …	This is an example of …
… klingt vielleicht zunächst etwas bieder / langweilig / altmodisch. Ich hoffe aber, Sie / euch im Verlauf der Präsentation vom Gegenteil überzeugen zu können.	… at first might sound a little stuffy / boring / old-fashioned. However, I hope to convince you otherwise during the course of my presentation.
Dieses Thema hat mich besonders fasziniert / gereizt / bewegt / interessiert, weil …	I was particularly fascinated / provoked / moved / interested by this topic because …
Ich interessiere mich schon lange für …	I've been interested in … for a long time.
Es ist wichtig über … zu informieren.	It is important to inform people about …
Ich möchte Ihr / euer Interesse wecken für …	I'd like to get you interested in …

III. Richtig präsentieren

Ich würde gerne einen bisher noch wenig bekannten Aspekt in den Vordergrund stellen.	I would like to focus on an issue which has been given little attention up to now.
Es gilt, Vorurteile gegen ... aus dem zu Weg räumen.	It is necessary to get rid of prejudice against ...
Ich hoffe, dass Sie / ihr am Ende dieser Präsentation ... mit anderen Augen sehen werden / sehen werdet.	I hope that you will have a different view of ... by the end of this presentation.

Das Ziel umreißen
Outlining your purpose

Das Ziel dieser Präsentation ist es, ...	The purpose of this presentation is to ...
Ich möchte / Wir möchten	I / We would like to
zeigen, dass ...	show that ...
belegen, dass ...	prove that ...
erreichen, dass ...	achieve ...
informieren über ...	tell you about ...
eine Verhaltensänderung erreichen.	change people's attitudes.
Interesse wecken für ...	create interest in ...
einen bisher noch wenig bekannten Aspekt in den Vordergrund stellen.	focus on an issue which has so far been little known.
Vorurteile gegen Migranten / die Gentechnik aus dem Weg räumen.	remove prejudices against immigrants / genetic engineering.
Ich möchte Ihnen / euch nun meine Gliederung vorstellen.	I would like to briefly present the structure of my presentation.
Ich habe den Vortrag in vier Abschnitte gegliedert.	I've divided my talk into four sections.
Ich werde in meinem Vortrag auf folgende Punkte eingehen: ...	I will present the following aspects: ...
Mein Fokus liegt auf ...	My focus is on ...
Ich setze folgende Schwerpunkte:	I will focus on ...
Zunächst werde ich auf ... zu sprechen kommen, dann sollen ... und ... folgen.	First I will talk about ... then ... after which ... will follow.
Zum Schluss werde ich ... ansprechen.	At the end I will mention ...
Abschließend werde ich ... ansprechen.	In conclusion, I will talk about ...
An dieser Stelle wird Raum für Fragen / eine Diskussion sein.	And then there'll be time for questions (a discussion).

Die Einleitung

Anschließend haben wir noch ausreichend Zeit darüber zu diskutieren.	There'll be sufficient time at the end for discussion.
Ich hoffe, / Wir hoffen,	I / We hope
dass Sie / ihr am Ende dieser Präsentation Indien / Kennedy mit anderen Augen sehen werden / werdet.	that you will have a different view of India / Kennedy by the end of this presentation.
etwas zur Klärung dieses Sachverhalts beitragen zu können.	to make some contribution towards explaining these facts.

III. Richtig präsentieren

Die Botschaft
The message

Wir sehen deutlich, dass …	We can clearly see that …
Folgender Gedanke ist zentral: …	The following aspect is a central one: …
Wir gehen von folgender Grundlage aus: …	This is based on the assumption that …
Dabei sind folgende Punkte besonders wichtig: …	In this context, the following points are most essential: …
Ein zentraler Aspekt ist …	A crucial aspect is …
Zwei Aspekte möchte ich besonders betonen: …	I would like to emphasize two aspects in particular: …
Wichtige inhaltliche Punkte sind …	Important aspects are …
Was ich damit sagen möchte, ist …	What I mean by that is that …
Wie ich soeben gezeigt habe, …	As I have just shown …
Es liegt auf der Hand, dass …	It's quite obvious that …
Ich komme zu dem Schluss, dass …	I come to the conclusion that …
Hier ist eine klare Tendenz zu erkennen.	A distinct / discernible trend is visible here.
Es liegt nahe, das vorhandene Datenmaterial dahingehend zu interpretieren …	The most obvious course is to interpret the existing data to the effect that …
Im Gegensatz zur landläufigen Meinung, zeichnet sich eine ganz andere Entwicklung ab.	Contrary to the generally held view, quite a different trend is emerging.
In Anbetracht dieser Tatsachen …	In view of these facts …
Nach vorsichtiger Abwägung der Argumente …	After weighing up the arguments carefully …
Wenn man alle diese Punkte in Erwägung zieht, …	If we take all these matters into consideration, …
Mit der gebotenen Vorsicht lässt sich trotzdem eine klare Entwicklung skizzieren.	With all due caution we can nevertheless outline a marked trend.

Der Hauptteil

Fakten darlegen
Explaining facts

[Name] wurde im Jahr ... in ... geboren.	[Name] was born in ...
[Name] starb im Jahr ... in ...	[Name] died in ...
Ich werde einige biographische Eckdaten zu ... nennen.	I'll give you some basic biographical facts about ...
Ich werde einen Überblick über den Lebenslauf von [Name] geben.	I'll give you a short résumé of [Name].
Im selben Jahr ...	In the same year ...
Dieses Ereignis war besonders prägend für ...	This incident was especially important for ...
Sein Lebensziel war es, ...	His aim in life was to ...
Im Jahr ...	In ...
Die Situation sah folgendermaßen aus: ...	The situation was the following: ...
Im Jahr ... war die Situation besonders schwierig / günstig.	In ... the situation was particularly difficult / favourable.
Viele Faktoren beeinflussten ...	Many factors had an effect on ...
Die Gründe für diese Entwicklung waren vielfältig.	The reasons for this development were manifold.
Auch in anderen Ländern ...	In other countries ... also ...
Anders als heute, gab es damals ...	Unlike today, in those times there was ...
Wenn wir die Situation mit der heutigen vergleichen, erkennen wir, dass ...	Comparing the historical situation with today's, it becomes clear that ...

Zahlen vorstellen
Talking about statistics

Ein paar Zahlen werden diese Befunde verdeutlichen.	A few figures will illustrate these results.
Die Zahl beträgt ...	The number is ...
Diese Zahl ist doppelt so hoch wie ...	The number / figure is twice as high as ...
Dieser Wert lässt sich vergleichen mit ...	This amount / figure can be compared to ...
Diese Größe ist vergleichbar mit ...	This quantity is comparable with ...
Die Zahl hat sich in zwei Jahren verdreifacht.	The amount has tripled in the last two years.
Das sind so viele wie ...	That's as many / much as ...
Das sind weniger als ...	That's less / fewer than ...

III. Richtig präsentieren

Daten und Grafiken präsentieren
Presenting data and graphs

Hier sehen Sie / seht ihr ...	Here you can see ...
das Tortendiagramm	the pie chart
das Säulendiagramm / das Balkendiagramm	the bar chart
das Liniendiagramm	the line chart
Diese Statistik / Diese Grafik	These statistics / This diagram
belegt / beweist ...	substantiate(s) / prove(s) ...
weist darauf hin ...	indicate(s) ...
zeigt eine steigende / fallende Tendenz an.	indicate(s) a growth / decrease.
ein Viertel / die Hälfte / ein Drittel / dreiviertel	a quarter / a half / a third / three quarters
23 % der Menschen in [London] sind ...	23 % of the people in [London] are ...
[Stratford] hat einen niedrigeren Prozentsatz an ... als [London].	[Stratford] has a lower percentage of ... than [London].
Der Prozentsatz von ... in ... ist höher als im nationalen Durchschnitt.	The percentage of ... in ... is higher than the national average.
Ich möchte Ihnen / euch einige konkrete Statistiken / einige Zahlen zeigen.	I would like to show you some specific statistics / some figures.
Im Jahr 2004 lässt sich eine eindeutige Steigerung / ein steiler Abfall feststellen.	In 2004 there was a marked increase / sharp fall.
An der Kurve kann man erkennen, wie der Verbrauch immer mehr ansteigt / immer weiter absinkt.	From the graph we can see how consumption continues to grow / fall.
Wenn man die Graphiken von 2003 und 2007 vergleicht, so kann man sehen, dass ...	If we compare the diagrams for 2003 and 2007, we can see that ...
Das ausgeglichene Verhältnis zwischen den grünen und roten Balken legt nahe, ...	The balanced ratio between the red and green bars suggests ...
Das Interessante / Ermutigende / Besorgniserregende hier ist ...	The interesting / encouraging / worrying thing here is ...
Die Zahlen sprechen hier eine eindeutige Sprache.	These figures convey a clear message.
An dieser Stelle möchte ich auf die Untersuchung von [Name] hinweisen / verweisen.	I would like here to point out / refer to [Name]'s study.
Ich möchte Sie / euch besonders auf diese Graphik aufmerksam machen.	I would like to draw your attention to this diagram in particular.

Der Hauptteil

Eine These aufstellen
Postulating a theory

Lassen Sie / Lasst uns zunächst von folgender Annahme ausgehen: ...	Let's first assume that ...
Lassen Sie / Lasst mich zu Beginn folgende These aufstellen: ...	Initially, let me put forward the following hypothesis: ...
Ich möchte hiermit die These aufstellen, dass ...	With these words, I would like to put forward the theory that ...
Lassen Sie / Lasst mich zu Beginn folgende These aufstellen: ...	Initially, let me put forward the following hypothesis: ...
Ich behaupte, dass ...	I argue that ...
Ich vermute / nehme an / glaube, dass ...	I suspect / assume / believe that ...
Ich möchte beweisen, dass ...	I want to prove that ...
Ich möchte in meinen Ausführungen diese These mit neuen Argumenten stützen.	In the course of my presentation I want to support this statement with new arguments.
Zunächst gehen wir von der Vermutung aus, dass ...	Let us first assume that ...
Lassen Sie uns / Lasst uns als Arbeitshypothese erst einmal annehmen, dass ...	Let us assume, as a working hypothesis, that ...
Aufgrund des bisher vorhandenen Datenmaterials gehe ich davon aus, dass ...	On the basis of existing data, I assume that ...
Der bisherige Stand der Forschung lässt vermuten, dass ...	The current research results give reason to believe that...
Die Entwicklungen der letzten Zeit lassen vermuten, dass ...	Recent developments cause us to suspect that ...
Bisher wurde immer davon ausgegangen, dass ... Ich halte diese Annahme jedoch für falsch, da ...	Up to now it has always been assumed that ... However, I believe this assumption to be wrong, because ...
Ich glaube, dass sich die Voraussetzungen / gesellschaftlichen Bedingungen in den letzten Jahren entscheidend verändert haben, so dass ...	I believe that there has been a crucial change in the situation / in social conditions over the past few years, with the result that ...

III. Richtig präsentieren

Meinungen wiedergeben
Presenting an opinion

Laut / Nach [Name] ...	According to [Name] ...
[Name] zufolge ...	According to [Name] ...
[Name] meint / behauptet / gibt an / vermutet, dass ...	[Name] thinks / maintains / states / assumes that ...
[Name]	[Name]
vertritt die Meinung, dass ...	is of the opinion that ...
ist der Meinung / Auffassung, dass...	is of the opinion that ...
plädiert für / gegen ...	is in favour of / against ...
Es wird allgemein angenommen / vermutet, dass...	It is generally accepted / assumed that...
Es kann kein Zweifel bestehen, dass ...	There can be no doubt that ...
Viele meinen / glauben, dass...	Many people think / believe that ...
Die öffentliche Meinung ist für / gegen ...	Public opinion is in favour of / against ...
Die Stimmung ist aufgeheizt / kühl / freundlich.	The atmosphere is heated / chilly / friendly.
Die Mehrheit / Minderheit vertritt die Ansicht, dass ...	The majority / minority is of the opinion that ...
Es herrscht eine starke Tendenz, dies so zu sehen.	There is a strong tendency to see it this way.
In wissenschaftlichen / informierten / politischen Kreisen geht man davon aus, dass ...	In scientific / informed / political circles, it is assumed that ...

Eine persönliche Stellungnahme ausdrücken
Expressing a personal opinion

Meiner / Unserer Meinung nach ...	In my / our opinion ...
Meines / Unseres Erachtens ...	In my / our opinion / view ...
Ich glaube / Wir glauben, dass...	I / we believe that ...
Ich vermute / Wir vermuten, dass...	I / we suspect that ...
Ich bin / Wir sind	I am / we are
der Ansicht / der Auffassung, dass ...	of the view that ...
der Meinung, dass ...	of the opinion that ...
Was mich betrifft, ...	As far as I'm concerned ...

Der Hauptteil

Es steht für mich unzweifelhaft fest, dass …	In my view there is no doubt that …
Ich halte es für sehr wahrscheinlich / äußerst unwahrscheinlich, dass …	I think it very probable / highly unlikely that …
Ähnlich wie [Name] denke ich, dass …	Like [Name], I think that …
Ich kann mich der Meinung von [Name] anschließen.	I can only support [Name] opinion.
Besonders überzeugend finde ich …	… seems particularly convincing to me.
Dem kann ich unbedingt zustimmen.	I simply must agree with that.
Ich habe große Zweifel, ob …	I very much doubt whether …
Ich persönlich halte das für diskussionswürdig.	Personally, I think this is worth discussing.
Das Argument überzeugt mich nicht, weil …	This argument doesn't convince me because …
Im Gegensatz zu [Name] bin ich der Meinung, dass …	Unlike [Name], I am of the opinion that …

Argumente aufzählen
Listing arguments

14

Mein erstes Argument ist: …	My first argument is: …
Der erste Punkt, den ich anführen möchte, ist: …	The first aspect I want to present is: …
erstens …, zweitens …, drittens	firstly …, secondly …, thirdly …,
Zunächst einmal / Als Erstes möchte ich anführen, dass …	Firstly / First of all I would like to say that …
Und zweitens sollte beachtet werden, dass …	Secondly, we should consider …
Es muss aber auch erwähnt werden, dass …	We must also mention that …
Ein weiteres Argument ist …	A further argument supporting this theory is …
Auch das sollte nicht vergessen werden.	That, too, should not be forgotten.
Des Weiteren / Außerdem …	Furthermore / Besides …
Zudem ist wichtig, dass …	It is important as well that …
Darüber hinaus sollte nicht unerwähnt bleiben, dass …	In addition we must not fail to mention that …
übrigens / apropos	incidentally / by the way
Dies sei nur am Rande / nebenbei bemerkt.	I note this in passing / by the by.
Am Rande sei auch erwähnt, dass …	In passing, let me mention that …

III. Richtig präsentieren

Argumente verknüpfen
Connecting arguments

Damit möchte ich überleiten zu ...	Having said that, I want to go on with ...
Wir haben nun bereits die ersten drei Aspekte betrachtet.	We've already considered the first three aspects.
Diese Themen sind wichtig für den nächsten Punkt.	These issues are important for the next point.
Verbunden damit ist auch der nächste Bereich.	The next part is also related to this aspect.
Dies führt zu ... / hat zur Folge, dass ... / liegt daran, dass ... / ist klar, weil ...	This will lead to ... / will result in ... / is due to ... / is obvious because ...
Auf der einen Seite ..., auf der anderen Seite ...	On one hand ... on the other (hand)
So weit also zu ...	So much for ...
Was aber ... angeht, verhält es sich ähnlich / anders.	But as far as ... is concerned, the case is similar / different.
jedoch	however / nonetheless / nevertheless
nichtsdestoweniger	however / nonetheless / nevertheless
jedenfalls	in any case
Es lässt sich natürlich auch anführen, dass ...	Of course, it can also be argued that ...
Auf der anderen Seite muss man bedenken, dass ...	On the other hand, it has to be remembered that ...
Andererseits ist festzuhalten, dass ...	On the other hand, one should note that ...
Das bringt mich auf einen ganz anderen Aspekt / zu meinem nächsten Punkt.	This brings me to a completely different issue / to my next point.
Ein weiterer wichtiger Punkt ist der Folgende: ...	Another important point is the following: ...
Ich komme nun zu Punkt ...	I will now move on to ...
An dieser Stelle ist auch ... interessant / darf auch ... nicht fehlen.	At this point, it is also interesting / we must not forget ...
Dabei sollte man auch beachten, dass ...	In this context we should also look at ...
Dabei darf nicht fehlen ...	In this context ... shouldn't be left out.
Gerne wird gesagt, dass ... Hier aber gilt ...	It is often said that ... In this case, however ...
Dies ist zwar grundsätzlich richtig, aber ...	This is basically correct, but ...
... sollte ebenfalls erwähnt werden.	... should also be mentioned. / We should also mention ...
Ganz ähnlich / Ganz anders verhält es sich mit ...	The situation is similar / is quite different in the case of ...

Der Hauptteil

Beispiele anführen
Giving examples

Dieses Beispiel zeigt, dass …	This example shows that …
An diesem Beispiel sehen wir …	This example illustrates …
Ein gutes Beispiel dafür ist …	A good example for this is …
Ich möchte ein paar Beispiele nennen …	I would like to mention a few examples.
Lassen Sie / Lasst mich dies an einem kurzen Beispiel verdeutlichen.	Let me illustrate this with a little example.
Es gab beispielsweise einen Fall …	There was, for example, a case …
Vielleicht wird dies durch folgendes Beispiel klarer: …	Perhaps this will become clearer in the following example: …

Experten zitieren
Citing experts

In seinem / ihrem Aufsatz / Buch [Titel] weist [Name] bereits darauf hin, dass …	In his / her essay / book [Title], [Name] has already pointed out that …
In diesem Zusammenhang möchte ich folgende Aussage von [Name] zitieren: …	In this context I would like to quote [Name]: …
Dazu hat [Name] Folgendes gesagt: …	In this context [Name] said: …
Auch [Name] stellt in seinen / ihren Veröffentlichungen wiederholt diese These auf.	[Name], too, puts forward this theory repeatedly in his / her publications.
[Name] weist immer wieder darauf hin, dass …	[Name] repeatedly points out that …
Im Leitartikel des *Guardian* vom 14.02.2008 wird ein wichtiger Aspekt angesprochen.	An important issue is addressed in the *Guardian* leader of 14.02.2008.
[Name] macht diese Beobachtung zum ersten Mal im Jahr 1996.	[Name] first made this observation in 1996.
Auf Seite 26 des Buches [Titel] von [Name] aus dem Jahr 2003 finden wir folgende Bemerkung: …	On page 26 of [Name]'s book [Title] from 2003 we find the following comment: …
Dem widerspricht völlig …	This is in complete contradiction to …
Im Gegensatz zu dem, was [Name] in seinem Aufsatz [Titel] behauptet, …	Contrary to what [Name] says in his / her article [Title], …

III. Richtig präsentieren

Hiermit darf die These von *[Name]* als widerlegt gelten.	This can be regarded as having refuted *[Name]*'s theory.
Eine unbelegte Behauptung, die von *[Name]* in den Medien immer wieder verbreitet wird.	An unsubstantiated assertion that is frequently made in the media by *[Name]*.
Wie die Ministerin verlautbaren ließ, ...	As the minister made known ...
Grundlage für meine Überlegungen sind folgende Autoren: ...	I've based my assumptions on the following authors: ...
Ich stütze mich hierbei auf ...	I base this statement on ...
Als Quelle für meine Präsentation diente ...	One of the sources of my presentation is ...
Die Statistiken wurden von ... erstellt.	The statistics were compiled by ...
An dieser Stelle möchte ich auf die Untersuchung von *[Name]* hinweisen.	Here I would like to point out *[Name]* study.

Auf einen vorhergehenden Punkt verweisen
Referring to a previous point

18

Hier kann eine Parallele zu ... festgestellt werden.	This is paralleled by ...
Dies erinnert an den vorherigen Punkt, der sich mit ... beschäftigte.	This brings to mind the previous issue which dealt with ...
Wie ich bereits erwähnte, ...	As I have already mentioned ...
Wie ich zu Beginn meiner Präsentation sagte, ...	As I said at the start of my presentation ...
Dieser Punkt ist zu Anfang schon einmal diskutiert worden.	This point was discussed at the beginning.
Um nochmals auf ... zurückzukommen: ...	To return once more to ...
Und jetzt werden die anfangs erwähnten Daten wieder wichtig.	And this is where the facts mentioned earlier become significant again.
Das scheint im Gegensatz zu den vorherigen Daten / meiner eingangs genannten These zu stehen.	This seems to contradict the earlier facts / my theory as mentioned earlier.
Vielleicht fragen Sie sich / fragt ihr euch gerade, hat er / sie nicht gerade etwas ganz anderes behauptet?	You may be asking yourselves whether I didn't just say something quite different.
Ich kann Ihnen / euch versichern, dass dies kein Widerspruch zu ... ist.	I can assure you that this doesn't contradict ...

Der Hauptteil

Im Lichte dieser Fakten kann die Eingangshypothese nicht aufrechterhalten werden.	In light of these facts, it is not possible to uphold the initial hypothesis.
Dies spricht für die anfangs aufgestellte These.	This supports the initial theory.
Damit ist unsere These bewiesen.	This proves our theory.

III. Richtig präsentieren

Die Hauptpunkte zusammenfassen
Summarizing the main points

Lassen Sie / Lasst mich das Wesentliche noch einmal zusammenfassen.	Allow me to summarize the essential facts.
Ganz wesentlich / wichtig ist hier …	It is significant / important here …
Zusammenfassend lässt sich sagen, …	To summarize / In summary, we can say …
Abschließend möchte ich …	Finally I would like …
Nach sorgfältiger Abwägung der Argumente …	After weighing up the arguments carefully …
Ich komme zu folgendem Schluss: …	I arrive at the following conclusion: …
Ich ziehe folgende Schlussfolgerungen / folgendes Fazit: …	The conclusion (that) I draw is as follows: …
Als Konsequenz ergibt sich für mich, …	I conclude that …
Für mich hat sich deutlich herauskristallisiert, dass …	It has clearly emerged that …
Lassen Sie / Lasst mich nun zu einer Bewertung kommen.	Allow me now to make an assessment.

Die Präsentation beenden
Drawing the presentation to a close

Ich bedanke mich für Ihre / eure Aufmerksamkeit.	Thank you for your attention.
Auch im Namen meiner Kollegen …	On behalf of my colleagues also …
Vielen Dank fürs Zuhören.	Thanks for listening.
Damit bin ich am Ende meines Vortrages angekommen.	I've now come to the end of my presentation.
Ich hoffe, das war hilfreich.	I hope that was helpful.
Ich hoffe,	I hope
dass Sie / ihr am Ende dieser Präsentation Indien / Kennedy mit anderen Augen sehen / seht.	that you have a different view of India / Kennedy at the end of this presentation.
etwas zur Klärung dieses Sachverhalts beigetragen zu haben.	that I have made some contribution towards explaining these facts.
dass ich eine neue Sichtweise auf … vermitteln konnte.	that my presentation sheds a different light on …

Der Schluss

dass ich Ihnen / euch dieses Thema unter einem neuen Blickwinkel präsentieren konnte.	that I have presented this topic from a new perspective.
dass ich Sie / euch von ... überzeugen konnte.	that I have been able to convince you of ...
Ihnen / euch Denkanstöße / Diskussionsstoff geliefert zu haben.	that I have given you food for thought / something to discuss.

Fragen anregen
Inviting questions

21

Für Fragen stehe ich gerne zur Verfügung.	I will be happy to answer any questions.
Falls es Fragen gibt, können Sie / könnt ihr sie jederzeit / im Anschluss stellen.	If you have any questions, please feel free to ask them at any time / at the end.
Hiermit möchte ich die Diskussion / das Plenum eröffnen.	And now I would like to open up the discussion / plenary session.
Gibt es dazu Fragen?	Are there any questions?
Ist noch etwas unklar?	Is everything clear?
Bitte scheuen Sie sich / scheut euch nicht zu fragen.	Please don't hesitate to ask.
Eine ausführlichere Beantwortung der Frage würde etwas zu weit führen.	Answering this question in detail would go too far.
Wenn Sie sich / ihr euch näher mit diesem Thema beschäftigen wollt, kann ich Ihnen / euch folgende Literatur empfehlen:	If you would like to know more about this topic, I can recommend the following titles:
Diese Frage würde ich gerne ins Plenum zurückgeben.	That's a question I would like to put to the audience.

IV. Thematische Wortschätze

Politics in the UK and US 138
Society 148
Multicultural Britain 156
Economics in the modern world 162
The environment 170
The American Dream 176
Vision of the future 182
Arts, culture an the media 188
Shakespeare 196

Thematische Wortschätze

abolish *abschaffen, aufheben*
abstain *sich der Stimme enthalten*
abuse *Missbrauch*
human rights abuse – *Menschenrechtsverletzung*
accession *Beitritt*
accession to the EU – *EU-Beitritt*
accountable *verantwortlich*
to be accountable to sb – *jdm
  rechenschaftspflichtig sein*
act *Gesetz*
activist *Aktivist(in)*
address *Rede*
inaugural address – *Amtsantrittsrede*
State of the Union Address (AM) – *Rede zur
  Lage der Nation*
administration (AM) *Regierung*
the Obama Administration – *die Obama-
  Regierung*
adviser *Berater(in)*
agreement *Vereinbarung, Abkommen*
to reach agreement on sth – *sich auf etw
  einigen, etw vereinbaren*
Schengen Agreement – *Schengener Abkommen*
aggression *Aggression; Angriff*
aide *Berater(in)*
alliance *Bündnis, Allianz*
allow *erlauben, zulassen*
ally *Verbündete(r)*
anarchy *Anarchie*
appeasement *Beschwichtigung*
policy of appeasement – *Beschwichtigungs-
  politik*
appoint *ernennen*
armed forces *Streitkräfte*
attack *Anschlag*
to plan / carry out / avert an attack – *einen
  Anschlag planen / verüben / verhindern*

backbencher (BRIT) *Hinterbänkler(in)
  (Abgeordneter, der weder der Regierung
  noch dem Schattenkabinett der
  Opposition angehört)*
ballot *Wahl*
secret ballot – *Geheimwahl*

ballot box *Wahlurne*
ballot paper *Stimmzettel*
ban *Verbot*
smoking ban – *Rauchverbot*
bias *Ausrichtung*
bill *Gesetz(esentwurf)*
to draft / pass / amend a bill – *eine Gesetzes-
  vorlage entwerfen / verabschieden / ändern*
Bill of Rights (AM) *Bill of Rights
  (amerikanischer Verfassungszusatz über
  die Grundrechte)*
BNP (= British National Party) (BRIT)
  britische Nationalpartei
bomb *Bombe*
bombing *Bombenanschlag, -attentat*
suicide bombing – *Selbstmordanschlag*
border *Grenze*
boycott *boykottieren*
bribe¹ *Bestechung*
bribe² *bestechen*
budget *Staatshaushalt, Etat; Haushaltsplan*
to deliver the budget (BRIT) – *den öffentlichen
  Haushaltsplan vorlegen*
by-election (BRIT) *Nachwahl*

cabinet *Kabinett*
cabinet meeting – *Kabinettssitzung*
campaign¹ *Kampagne*
campaign manager – *Wahlkampfleiter(in)*
campaign² *kämpfen*
to campaign for sb – *Wahlwerbung für jdn
  treiben*
candidacy *Kandidatur*
to announce one's candidacy – *seine
  Kandidatur bekanntgeben*
candidate *Kandidat(in)*
presidential candidate –
  Präsidentschaftskandidat(in)
capital *Hauptstadt*
Capitol (AM) *Kapitol (Sitz des
  amerikanischen Kongresses)*
caucus (AM) *Verfahren, bei dem die
  US-Präsidentschaftskandidaten von den
  Parteianhängern ausgewählt werden*

Politics in the UK and USA

censor *Zensor(in)*
censorship *Zensur*
centre *Mitte*
challenge *herausfordern*
challenger *Herausforderer, Herausforderin*
chamber *Kammer*
Chancellor of the Exchequer (BRIT) *Finanzminister(in)*
citizen *Bürger(in)*
British citizen – *britischer Staatsbürger*
civil servant *Beamte(r), Beamtin*
Civil Service (BRIT) *öffentlicher Dienst*
civil war *Bürgerkrieg*
coalition *Koalition*
coalition government – *Koalitionsregierung*
colony *Kolonie*
commission *Kommission*
European Commission – *Europäische Kommission*
committee *Ausschuss*
communism *Kommunismus*
communist[1] *Kommunist(in)*
communist[2] *kommunistisch*
community *Gemeinschaft; Gemeinde*
international community – *Völkergemeinschaft*
compromise *Kompromiss*
to reach a compromise – *einen Kompromiss schließen*
condemn *verurteilen*
conflict *Konflikt*
ethnic conflict – *ethnischer Konflikt*
Middle East / Northern Ireland conflict – *Nahost- / Nordirlandkonflikt*
tribal conflict – *Stammeskrieg*
Congress (AM) *der amerikanische Kongress*
Congressman, -woman (AM) *Mitglied des amerikanischen Kongresses*
conservative *Konservative(r)*
the Conservative Party (BRIT) – *die Konservative Partei*
Conservatives (BRIT) *die Konservative Partei*

constituency (BRIT) *Wahlkreis*
constitution *Verfassung*
constitutional *verfassungsmäßig*
constitutional monarchy – *konstitutionelle Monarchie*
contender *Kandidat(in); Mitbewerber(in), Rivale (Rivalin)*
serious contender – *ernst zu nehmender Mitbewerber*
control order (BRIT) *gerichtliche Verfügung zur Einschränkung der Bewegungs- und Kommunikationsfreiheit*
coronation *Krönung*
corrupt *korrupt*
corruption *Korruption*
council *Rat*
European Council – *Europäischer Rat*
Council of Europe – *Europarat*
Council of Ministers – *Ministerrat*
coup *Putsch, Staatsstreich*
attempted coup – *Putschversuch*
court *Gericht*
crisis *Krise*
cross-border *grenzüberschreitend*
crown *Krone*
the Crown – *die Krone, das Königshaus*

D

debate *Debatte*
declaration *Erklärung*
Declaration of Independence (AM) – *die amerikanische Unabhängigkeitserklärung*
defeat *Niederlage*
to suffer (a) defeat – *eine Niederlage erleiden*
a crushing defeat – *eine vernichtende Niederlage*
defence *Verteidigung*
delegate *Delegierte(r), Abgesandte(r)*
demand[1] *Forderung*
demand for – *Forderung nach*
demand[2] *fordern*
democracy *Demokratie*
Democrat (AM) *Demokrat(in)*

Thematische Wortschätze

democratic *demokratisch*
demonstrate *demonstrieren*
to demonstrate against sth – *gegen etw demonstrieren*
demonstration *Demonstration*
peaceful demonstration – *friedliche Demonstration*
mass demonstration – *Massendemonstration*
demonstrator *Demonstrant(in)*
department (AM) *Ministerium*
State Department – *Außenministerium*
deploy *einsetzen*
to deploy troops – *Truppen entsenden*
detention *Internierung, Verhaftung*
detention camp / centre – *Internierungslager*
devolution *Dezentralisierung*
devolve *übertragen*
to devolve power – *die Macht dezentralisieren*
dictator *Diktator*
dictatorship *Diktatur*
diplomacy *Diplomatie*
diplomat *Diplomat(in)*
direct representation *Mehrheitswahl*
disarmament *Abrüstung*
disarmament treaty – *Abrüstungsvertrag*
nuclear disarmament – *atomare Abrüstung*
dissent[1] *Meinungsverschiedenheit*
voice of dissent – *Gegenstimme*
dissent[2] *anderer Meinung sein*
to dissent from sth – *etw nicht zustimmen*
dissenting voice *Gegenstimme*
dissident *Dissident(in); Regimekritiker(in)*
dissolve *auflösen*
to dissolve Parliament – *das Parlament auflösen*
Downing Street (BRIT) *Residenz des britischen Premiers; (z. T. auch) der Premierminister an sich bzw. sein Amt*

elect *wählen*
to elect a new president – *einen neuen Präsidenten wählen*

election *Wahl*
to call an election – *Wahlen ansetzen*
to hold an election – *eine Wahl abhalten*
general / local election – ≈ *Bundestagswahl / Kommunalwahl*
election bid *Wahlversuch*
to launch an election bid – *seine Wahlkampagne starten*
successful / disastrous election bid – *Wahlerfolg / Wahlschlappe*
election campaign *Wahlkampf, Wahlkampagne*
electorate *Wählerschaft*
eligible *berechtigt*
eligible to vote – *wahlberechtigt*
emperor *Kaiser*
empire *Kaiserreich*
the British Empire – *das Britische Imperium*
enlargement *Erweiterung*
EU enlargement – *EU-Erweiterung*
envoy *Gesandte(r)*
special envoy for ... – *Sondergesandte(r) für ...*
EU (= European Union) *Europäische Union*
executive *Exekutive*
exile *Exil*
to live in exile – *im Exil leben*
to go into / be forced into exile – *ins Exil gehen / gehen müssen*
expenditure *Ausgaben*
public expenditure – *öffentliche Ausgaben, Staatsausgaben*
defence expenditure – *Verteidigungsausgaben*
extremism *Extremismus*
right-wing extremism – *Rechtsextremismus*

federal *föderal, Bundes-*
federal system – *föderalistisches System*
fighter *Kämpfer(in)*
First Lady *First Lady (Frau des US-Präsidenten)*
first-past-the-post system *Mehrheitswahlrecht*
floating voter *Wechselwähler(in)*
foe *Feind*

Politics in the UK and USA

force *Macht*
to come into force – *rechtskräftig werden*
Foreign Office (BRIT) *Außenministerium*
form *formen, bilden*
to form a government – *eine Regierung bilden*
former *frühere(r, s)*
former leader – *früherer Partei- / Regierungschef*
free *frei*
freedom *Freiheit*
freedom of opinion / speech – *Meinungs- / Redefreiheit*
frontbencher (BRIT) *führende(r) Politiker(in) (Abgeordnete(r), der / die zur Regierung bzw. zur Fraktionsführung der Opposition gehört)*
frontrunner *Spitzenkandidat(in)*
fundamentalism *Fundamentalismus*
fundamentalist *Fundamentalist(in)*
Islamic fundamentalist – *Islamist(in)*
fundraiser *Spendensammler(in)*
future *zukünftig*
future leader – *zukünftiger Partei- / Regierungschef*

G

genocide *Völkermord*
govern *regieren*
governance *Regierungsgewalt*
government *Regierung*
governor *Gouverneur(in)*
grassroots *Basis*

H

Home Office (BRIT) *Innenministerium*
hostilities *Feindseligkeiten*
armed hostilities – *bewaffnete Auseinandersetzungen*
hot spot *Krisenregion*
House of Commons (BRIT) *Unterhaus des britischen Parlaments*
House of Lords (BRIT) *Oberhaus des britischen Parlaments*
House of Representatives (AM) *Repräsentantenhaus (Unterhaus des US-Kongresses)*

human rights *Menschenrechte*
humanitarian *humanitär*
humanitarian crisis – *humanitäre Katastrophe*
hustings *Wahlveranstaltung; Wahlkampf*

I

ideology *Ideologie*
illegal *illegal*
impartial *unparteiisch*
impeach *wegen eines Amtsvergehens anklagen*
impeachment *Amtsenthebungsverfahren*
inaugurate *in ein Amt einführen*
inauguration *Amtseinführung*
Inauguration Day (AM) – *Tag der Amtseinführung des US-Präsidenten*
incumbent[1] *amtierend*
incumbent[2] *Amtsinhaber(in)*
independence *Unabhängigkeit*
to gain independence – *die Unabhängigkeit erlangen*
independent *unabhängig*
intelligence *(nachrichtendienstliche) Informationen*
intelligence agency *Nachrichtendienst*
intergovernmental *zwischenstaatlich; zwischen zwei Regierungen*
intergovernmental conference – *Regierungskonferenz*
international *international*
interrogate *verhören*
intervene *intervenieren*
invasion *Invasion*

J

joined-up *sinnvoll und durchdacht*
judicial *gerichtlich*
judicial enquiry – *gerichtliche Untersuchung*
judiciary *Gerichtswesen*
junior minister (BRIT) *Minister(in) im britischen Kabinett mit niedrigem Rang, entspricht etwa einem Staatssekretär*
junta *Junta*
justice *Gerechtigkeit*

Thematische Wortschätze

K

key *entscheidend, Haupt-*
king *König*

L

Labour (BRIT) *die Labour-Partei*
law *Gesetz*
to pass a law – *ein Gesetz verabschieden*
to draft a law – *einen Gesetzesentwurf verfassen*
to break a law – *gegen das Gesetz verstoßen*

lead *führen*
leader *Führer(in), Partei-/Regierungschef(in)*
leadership *Führung(sspitze)*
left *(hier:) die Linke*
left-wing *(politisch) links*
left-wing government – *linke Regierung*

legislation *Gesetzgebung; Gesetze*
legislative *gesetzgebend*
legislative period – *Legislaturperiode*

legislative *Legislative*
legislature *Gesetzgebung*
Lib Dems (BRIT) *die Liberaldemokraten*
liberal *liberal*
the Liberal Democratic Party (BRIT) – *die Liberaldemokratische Partei*

lobby *Lobby*
pro-nuclear/anti-abortion lobby – *Atombefürworter/Abtreibungsgegner*

lobbyist *Lobbyist(in)*
Lord Chancellor (BRIT) *Justizminister(in) und gleichzeitig Präsident(in) des Oberhauses*

M

majority *Mehrheit*
absolute majority – *absolute Mehrheit*
to win a / to lose the majority – *die Mehrheit gewinnen / verlieren*

majority vote *Mehrheitswahl*
mandate *Mandat*
manifesto *Manifest*
election manifesto – *Wahlprogramm*

marginal seat (BRIT) *mit knapper Mehrheit gewonnener Parlamentssitz*
member *Mitglied*
member of the EU – *Mitglied der EU*

Member of Parliament (BRIT) *Parlamentsabgeordnete(r)*
member state *Mitgliedsstaat*
menace *Bedrohung*
MEP (= Member of the European Parliament) *MdEP, Mitglied des Europäischen Parlaments*
midterm *Zwischen-*
midterm elections (AM) – *Zwischenwahlen*

militant *militant*
military *Militär-*
to take military action – *militärisch eingreifen*
military forces – *Kampftruppen*

militias *Milizen*
minister *Minister(in)*
minister for foreign affairs / foreign minister (BRIT) – *Außenminister(in)*

ministry *Ministerium*
foreign ministry (BRIT) – *Außenministerium*

minority *Minderheit*
monarch *Monarch(in)*
monarchy *Monarchie*
motion *Antrag*
in favour of / against the motion – *für / gegen den Antrag*

MP (= Member of Parliament) (BRIT) *Parlamentsabgeordnete(r)*

N

nation *Nation*
national *national*
nationalism *Nationalismus*
nationalist *Nationalist(in)*
NATO, Nato (= North Atlantic Treaty Organization) *Nato*
negotiate *verhandeln*
to negotiate a treaty – *ein Abkommen aushandeln*

negotiation *Verhandlung*
neocon(servative) *neokonservativ*
NGO (= non-governmental organization) *NGO, Nichtregierungsorganisation*
9/11 *11. September 2001*

Politics in the UK and USA

nominate *ernennen*
to nominate a candidate – *einen Kandidaten ernennen*

nomination *Nominierung*

Number 10 (BRIT) *Residenz des britischen Premiers; (z. T. auch) der Premierminister an sich bzw. sein Amt*

oath *Eid*
oath of office – *Amtseid*

occupation *Besatzung*

office *Amt*
to be / stay in office – *im Amt sein / bleiben*
to run for office – *für ein Amt kandidieren*

opinion poll *Meinungsumfrage*
to be ahead / behind in the opinion polls – *in der Umfrage vorne / hinten liegen*

opponent *Gegner(in)*

oppose *ablehnen*

opposition *Opposition*
leader of the opposition – *Oppositionsführer(in)*

oppress *unterdrücken*

outlaw *verbieten*

overthrow *stürzen*
to overthrow a government – *eine Regierung stürzen*

overturn *aufheben*
to overturn a decision – *eine Entscheidung aufheben*

overwhelming *überwältigend*
overwhelming majority / support – *überwältigende Mehrheit / Unterstützung*

parliament *Parlament*
national / regional parliament – *nationales Parlament / Regionalparlament*
hung parliament – *Parlament ohne klare Mehrheitsverhältnisse*

parliamentary *parlamentarisch*

partner *Partner*
coalition partner – *Koalitionspartner*

party *Partei*
the Labour / Democratic Party – *die Labour-Partei / die Demokratische Partei*

party conference (BRIT) *Parteitag*

party leader *Parteichef(in)*

party line *Parteilinie*
to toe the party line – *der Parteilinie folgen*

peace *Frieden*
peace talks – *Friedensverhandlungen*

peace deal *Friedensvertrag*
to facilitate a peace deal – *den Weg zum Friedensvertrag ebnen*
to sign a peace deal – *einen Friedensvertrag unterzeichnen*

peaceful *friedlich*

peacekeepers *Friedenstruppen*

peacekeeping *Friedenssicherung*

peer (BRIT) *Mitglied des Oberhauses*
life peer – *Mitglied des Oberhauses auf Lebenszeit*

PM (= prime minister) (BRIT) *Premierminister(in)*

policy *Politik*
policy on immigration – *Einwanderungspolitik*
domestic / foreign policy – *Innenpolitik / Außenpolitik*

political *politisch*
political prisoner – *politische(r) Gefangene(r)*

politician *Politiker(in)*

politics *Politik*

poll[1] *Wahl, Abstimmung*
to go to the polls – *zur Wahl gehen*

poll[2] *Umfrage*
public opinion poll – *Meinungsumfrage*
to conduct a poll – *eine Umfrage machen*

polling booth *Wahlkabine*

polling day *Wahltag*

polling station *Wahllokal*

post *Posten, Amt*

power *Macht*
separation of power – *Gewaltenteilung*

powerful *mächtig*

precinct (AM) *Wahlkreis*

predecessor *Vorgänger(in)*

premier *Premierminister(in)*

premiership *Amtszeit als Premierminister(in)*

Thematische Wortschätze

preside over *leiten, den Vorsitz haben*
presidency *Präsidentschaft*
president *Präsident(in)*
the US President – *der US-Präsident, die US-Präsidentin*
presidential *Präsidentschafts-*
pressure *Druck*
to put pressure on sb – *Druck auf jdn ausüben*
primaries *Vorwahlen*
prime minister *Premierminister(in)*
the British Prime Minister – *der britische Premier(minister), die britische Premierministerin*
pro-democracy *prodemokratisch*
propaganda *Propaganda*
proportional representation *Verhältniswahl*
protest *Protest(marsch)*
protester *Demonstrant(in)*
pro-western *prowestlich*
pro-western government – *prowestliche Regierung*
public¹ *öffentlich*
public opinion – *öffentliche Meinung*
public service – *öffentlicher Dienst*
public² *Öffentlichkeit*

Q

queen *Königin*

R

race *Rennen*
presidential race – *Rennen um die Präsidentschaft*
radical *radikal*
rally *Kundgebung; Wahlversammlung*
ratification *Ratifizierung*
ratify *ratifizieren*
to ratify a law / treaty – *ein Gesetz / ein Abkommen ratifizieren*
rebel *Rebell(in)*
rebel forces – *Rebellenmilizen*
recognize *anerkennen*
reconciliation *Versöhnung*

re-election *Wiederwahl*
referendum *Referendum, Volksentscheid*
to hold a referendum – *ein Referendum abhalten*
reform *Reform*
regime *Regime*
military / repressive regime – *Militärregime / unterdrückerisches Regime*
relations *Beziehungen*
relations between – *Beziehungen zwischen*
relief *Hilfe*
disaster / famine relief – *Katastrophen- / Hungerhilfe*
relief agency – *Hilfsorganisation*
relief aid – *humanitäre Hilfe*
represent *repräsentieren, vertreten*
representative *Abgeordnete(r); Repräsentant(in)*
republic *Republik*
republican *republikanisch*
Republican (AM) *Republikaner(in)*
resign *zurücktreten*
resignation *Rücktritt*
to announce one's resignation – *seinen Rücktritt ankündigen*
resistance *Widerstand*
resistance fighter – *Widerstandskämpfer(in)*
passive resistance – *passiver Widerstand*
resolution *Resolution, Entschluss*
reunification *Wiedervereinigung*
revolution *Revolution*
right¹ *Recht*
right² *die Rechte*
right-wing *(politisch) rechts*
riot *Ausschreitungen, Unruhen*
riot police *Bereitschaftspolizei*
armed riot police – *bewaffnete Bereitschaftspolizei*
rival *Rivale (Rivalin)*
roadmap *Roadmap*
Middle East roadmap – *Nahost-Fahrplan*
roadmap to peace – *Friedensplan*
royal *königlich*
the Royals (fam) – *die englische Königsfamilie*

Politics in the UK and USA

rule *regieren*

ruler *Staatschef(in); Herrscher(in)*

running mate (AM) *Vizekandidat(in) (der/die während der Präsidentschaftswahl für das Amt des Vizepräsidenten kandidiert)*

sanction *Sanktion*
to impose sanctions – *Sanktionen verhängen*
to lift sanctions – *Sanktionen aufheben*

seat *Sitz*
seat of government – *Regierungssitz*

secret service *Geheimdienst*

secretary *Minister(in)*
foreign / home secretary (BRIT) – *Außen- / Innenminister(in)*
secretary of state (AM) – *Außenminister(in)*

secretary general *Generalsekretär(in)*
Secretary General of the UN – *UN-Generalsekretär(in)*

security *Sicherheit*
security forces – *Sicherheitskräfte*

Senate (AM) *Senat (Oberhaus des US-Kongresses)*

senator (AM) *Senator(in)*

senior *hochrangig, führend*
senior member of government – *hochrangiges Regierungsmitglied*
senior Tories (BRIT) – *führende Mitglieder der Konservativen*

senior minister (BRIT) *ranghohe(r) Minister(in) im britischen Kabinett*

session *Sitzungsperiode*
parliamentary session – *parlamentarische Sitzungsperiode*

shadow (BRIT) *Schatten-*
shadow cabinet – *Schattenkabinett*
shadow foreign secretary – *Schatten-außenminister(in)*

snap election *kurzfristig angesetzte Neuwahl*
to call a snap election – *kurzfristig Neuwahlen ansetzen*

socialist *Sozialist(in)*

solidarity *Solidarität*

sovereign *Herrscher(in); König(in)*
the British sovereign – *die britische Königin*

Speaker (of the House)
(BRIT) *Vorsitzender des britischen Unterhauses;* (AM) *Vorsitzender des Repräsentantenhauses*

Special Relationship *die besonders engen diplomatischen Beziehungen zwischen dem Vereinigten Königreich und den USA*

speech *Rede*
to deliver / give a speech – *eine Rede halten*

splinter party *Splitterpartei*

stand down *zurücktreten*

state *Staat*
head of state – *Staatsoberhaupt*

statement *Stellungnahme*
to issue a statement – *eine Stellungnahme abgeben*

succession *Nachfolge*

successor *Nachfolger(in)*

summit *Gipfel(treffen)*
EU / G8 summit – *EU- / G8-Gipfel*

support *unterstützen*

supporter *Anhänger(in), Befürworter(in)*

suppress *unterdrücken*
to suppress a rebellion – *einen Aufstand unterdrücken*

surveillance *Überwachung*

swing voter *Wechselwähler(in)*

system *System*
political system – *politisches System*
electoral system – *Wahlsystem*

T

target *Ziel*

tensions *Spannungen*
political tensions – *politische Spannungen*

tenure *Amtszeit*

term *Amtszeit*
first / second term – *erste / zweite Amtszeit*
term of office – *Amtszeit, Amtsperiode*

terror *Terror(ismus)*
terror attack – *Terroranschlag*
terror cell – *Terrorzelle*
terror network – *Terrornetzwerk*

terrorism *Terrorismus*
act of terrorism – *Terroranschlag*

Thematische Wortschätze

terrorist *Terrorist(in)*
threat *Bedrohung*
terrorist threat – *terroristische Bedrohung*
ticket *Ticket, Liste*
topple *stürzen*
to topple the government – *die Regierung stürzen*
torture *Folter*
Tory[1] (BRIT) *Konservative(r)*
Tory[2] (BRIT) *konservativ*
totalitarian *totalitär*
totalitarian regime – *totalitäres Regime*
treaty *Vertrag, Abkommen*
Treaty of Maastricht – *Maastrichter Vertrag*
non-aggression treaty – *Nichtangriffspakt*
tribalist *Stammes-*
troops *Truppen*
peace troops – *Friedenstruppen*
Troubles (BRIT) *Nordirlandkonflikt*
turnout *Wahlbeteiligung*
tyranny *Gewaltherrschaft*
tyrant *Tyrann*

UKIP (= UK Independence Party) (BRIT) *radikal-liberale Partei, die den Austritt Großbritanniens aus der EU fordert*
unanimous *einstimmig*
unanimous decision – *einstimmige Entscheidung*
unconstitutional *verfassungswidrig*
uncover *aufdecken*
unification *Vereinigung*
unite *vereinen*
UN (= United Nations) *Vereinte Nationen*
unity *Einheit*
uprising *Aufstand*
popular uprising – *Volksaufstand*

veto[1] *Veto*
veto[2] *ein Veto gegen etw einlegen*
vice *Vize-*
vice president – *Vizepräsident(in)*
vice chairman – *stellvertretender Vorsitzender*

victory *Sieg*
landslide victory – *Erdrutschsieg*
violate *verletzen*
to violate the law – *gegen das Gesetz verstoßen*
violation *Verletzung, Verstoß*
violation of human rights – *Menschenrechtsverletzung*
a violation of international law – *eine Verletzung des internationalen Rechts*
vote *wählen*
to vote for / against sb/ sth – *für / gegen jdn / etw stimmen*
vote *Stimme*
to cast a vote – *seine Stimme abgeben*
voter *Wähler(in)*

war *Krieg*
the Falkland / Iraq War – *der Falkland- / Irakkrieg*
the War on Terror – *der Krieg gegen den Terror(ismus)*
to declare war on sb – *jdm den Krieg erklären*
warning *Warnung*
to issue a warning – *eine Warnung aussprechen*
whip (BRIT) *Einpeitscher(in) (Abgeordnete(r), der / die bei wichtigen Abstimmungen dafür sorgt, dass die Mitglieder seiner / ihrer Fraktion anwesend sind und so abstimmen, wie die Parteiführung es wünscht); ≈ Fraktionszwang*
chief whip – *Chef-Einpeitscher(in) (ist zuständig für alle „whips")*
White House (AM) *das Weiße Haus*
wing *Flügel*

Politics in the UK and USA

Thematische Wortschätze

abortion *Abtreibung*
abuse *Missbrauch*
child abuse – *Kindesmissbrauch*
alcohol abuse – *Alkoholmissbrauch*
access *Zugang*
to have access to sth – *Zugang zu etw haben*
accommodation *Unterkunft*
rented accommodation – *Mietwohnung*
temporary accommodation – *vorübergehende Unterbringung*
adolescence *Jugend(zeit)*
adolescent *Jugendliche(r)*
adopt *adoptieren*
adopted *adoptiert*
adoption *Adoption*
adult[1] *Erwachsene(r)*
adult[2] *erwachsen*
advice *Rat*
afford *sich leisten*
to be able / unable to afford sth – *sich etw leisten / nicht leisten können*
alcoholic *Alkoholiker(in)*
alcoholism *Alkoholismus*
A levels (BRIT) ≈ *das Abitur*
anonymity *Anonymität*
anonymous *anonym*
antisocial *asozial*
antisocial behaviour – *Erregung öffentlichen Ärgernisses*
antisocial behaviour order – *gerichtliche Verfügung wegen Erregung öffentlichen Ärgernisses*
area *Gebiet, Region*
urban / rural area – *Stadtgebiet / ländliches Gebiet*
armed *bewaffnet*
arrest[1] *Verhaftung*
arrest[2] *verhaften*
to be arrested – *verhaftet werden*
arson *Brandstiftung*
asbo (BRIT) *gerichtliche Verfügung wegen Erregung öffentlichen Ärgernisses*
to serve sb with an asbo – *jdm eine gerichtliche Verfügung wegen Erregung öffentlichen Ärgernisses zustellen*

assault *Überfall*
asylum seeker *Asylbewerber(in)*
attack *Angriff*
attendance *Anwesenheit*
attitude *Haltung*
authority *Behörde; Autorität*
autistic *autistisch*

back-up *Verstärkung*
ban *Verbot*
smoking ban – *Rauchverbot*
basic needs *Grundbedürfnisse*
behaviour *Verhalten, Benehmen*
good / bad behaviour – *gutes / schlechtes Benehmen*
binge drinking *häufiger, exzessiver Alkoholkonsum (besonders von Jugendlichen)*
blind *blind*
boarding school *Internat*
borough *Bezirk*
boyfriend *Freund*
break up *sich trennen*
to break up with sb – *sich von jdm trennen*
breeding ground *Brutstätte*
fertile breeding ground – *Brutstätte*
brother *Bruder*
bullying *Tyrannisierung, Mobbing*
burglar *Einbrecher(in)*
burglary *Einbruch*
bury *beerdigen*

care *Betreuung*
in care – *in Pflege*
centre *Zentrum*
change *Veränderung*
charity *Wohltätigkeitsorganisation*
chav (sl) *Proll*
child *Kind*
only child – *Einzelkind*
child abuse *Kindesmissbrauch*
church *Kirche*

Society

citizen *Bürger(in)*
city *Großstadt*
civil union *eingetragene Partnerschaft*
clique *Clique*
coeducational *gemischt*
cohabit *zusammenleben*
commit *begehen*
to commit a crime – *ein Verbrechen begehen*
community *Gemeinde; Gemeinschaft*
community centre *Gemeindezentrum*
community service *gemeinnützige Arbeit*
commute *pendeln*
to commute to work – *pendeln*
comprehensive school (BRIT) *Gesamtschule*
conflict *Konflikt*
confrontation *Konfrontation*
contain *eingrenzen; aufhalten*
convict *verurteilen*
to be convicted of robbery – *wegen Raubes verurteilt werden*
council *Rat*
borough / local council – *Gemeinderat*
council estate (BRIT) *Siedlung mit stadteigenen Häusern*
council flat (BRIT) *Sozialwohnung*
counselling *Beratung*
to offer counselling – *Beratung anbieten*
to be in counselling – *in Therapie sein*
couple *Paar*
course *Kurs*
degree course – *Studiengang, der mit „Bachelor" oder „Master" abschließt*
court *Gericht*
to take sb to court – *jdn vor Gericht bringen*
cremation *Einäscherung*
crime *Verbrechen; Kriminalität*
gun crime – *Verbrechen mit Schusswaffen*
criminal *Verbrecher(in)*
crowded *überfüllt*
curriculum *Lehrplan*
national curriculum – *zentralisierter Bildungsplan*

custody[1] *Sorgerecht*
to get custody of sb – *das Sorgerecht für jdn zugesprochen bekommen*
custody[2] *Haft*

D

daughter *Tochter*
deaf *gehörlos*
dealer *Dealer(in)*
death *Tod*
degree *Studienabschluss*
deport *ausweisen*
deportation *Abschiebung*
custody pending deportation – *Abschiebehaft*
deportee *Abzuschiebende(r); Abgeschobene(r)*
detective *Detektiv(in)*
dignity *Würde*
dignity nurse – *Krankenschwester, die im Krankenhaus dafür sorgt, dass ältere Patienten würdevoll behandelt werden*
disability *Behinderung*
disabled *behindert*
disaffected *desillusioniert*
discrimination *Diskriminierung*
age / racial discrimination – *Alters- / Rassendiskriminierung*
gender discrimination – *Diskriminierung aufgrund des Geschlechts*
divorce *Scheidung*
to file for divorce – *die Scheidung einreichen*
divorced *geschieden*
donate *spenden*
to donate money – *Geld spenden*
donation *Spende*
drop out *abbrechen*
to drop out of school – *die Schule abbrechen*
drug *Droge*
to sell / deal drugs – *Drogen verkaufen / dealen*
drug trafficking – *Drogenhandel*
drug abuse *Drogenmissbrauch*
drug dealer *Drogendealer(in)*

Thematische Wortschätze

E

earn *verdienen*
to earn money – *Geld verdienen*

education *Bildung*
further education – *Weiterbildung*
compulsory education – *Schulpflicht*
higher / vocational education – *Hochschulbildung / Berufsausbildung*

elderly *ältere(r)*
the elderly – *ältere Menschen*

elementary school (AM) *Grundschule*

environment *Umgebung; Umwelt*

estate *Siedlung*

evening classes *Abendschule*

event *Ereignis*

evict *zur Räumung zwingen*

eviction *Zwangsräumung*

exam *Prüfung*
to sit an exam – *eine Prüfung machen*
written / oral exam – *schriftliche / mündliche Prüfung*

extra-curricular activity *Akivität außerhalb des regulären Stundenplans*

F

family *Familie*
dysfunctional family – *dysfunktionale Familie*
patchwork family – *Patchworkfamilie*
single-parent family – *Familie mit nur einem Elternteil*
close-knit family – *enge Familie*

fatal *tödlich*

father *Vater*

fear *Angst*

fine *Bußgeld*

flat *Wohnung*
block of flats – *Wohnblock*

foster *in Pflege nehmen*

fraud *Betrug*

funding *Finanzierung*
government funding – *staatliche Finanzierung*

funeral *Beerdigung*

G

gang *Gang*
gang member – *Gangmitglied*
gang warfare – *Bandenkrieg*

gap year *ein freies Jahr, meist zwischen Schule und Studienantritt*

gay[1] *schwul; lesbisch*

gay[2] *Schwule(r); Lesbe*

GCSE (= General Certificate of Secondary Education) (BRIT) *Prüfung, die Schüler(innen) mit 16 ablegen*

gender *Geschlecht*

generation *Generation*

girlfriend *Freundin*

government *Regierung*
local government – *Kommunalverwaltung*

grade *Note*

graduate *Hochschulabsolvent(in)*

group *Gruppe*

grow up *aufwachsen; erwachsen werden*

growth *Wachstum*
urban growth – *städtisches Wachstum*

gun *Pistole*

H

half-brother *Halbbruder*

half-sister *Halbschwester*

handicapped *behindert*
mentally / physically handicapped – *geistig / körperlich behindert*
severely handicapped – *schwerbehindert*

health *Gesundheit*

healthy *gesund*

heterosexual[1] *Heterosexuelle(r)*

heterosexual[2] *heterosexuell*

high school (AM) *Highschool*

high school diploma (AM) *Abschlussprüfung der amerikanischen Highschool*

hijack *entführen*

hijacking *Entführung*

home *Heim*
old people's home – *Altersheim*

homeless *obdachlos*
homeless person – *Obdachlose(r)*
the homeless – *Obdachlose*

Society

homelessness *Obdachlosigkeit*
homicide *Mord*
homosexual[1] *Homosexuelle(r)*
homosexual[2] *homosexuell*
hostage *Geisel*
hostage taking – *Geiselnahme*
hostel *Wohnheim; Obdachlosenheim*
household *Haushalt*

illiteracy *Analphabetismus*
illiterate *Analphabet(in)*
immigration *Einwanderung*
immigrant *Einwanderer, -wanderin*
impact *Auswirkung*
to have an impact on sth – *sich auf etw auswirken, etw beeinflussen*
imprison *inhaftieren*
imprisonment *Inhaftierung*
income *Einkommen*
independent school (BRIT) *Privatschule*
infant *Säugling*
infant mortality – *Säuglingssterblichkeit*
influence *Einfluss*
under the influence of drugs / alcohol – *unter dem Einfluss von Drogen / Alkohol*
inhabitant *Einwohner(in)*
initiative *Initiative*
inner-city *Innenstadt-*
investigate *untersuchen*

job *Job, Arbeit, Stelle*
to get a job – *eine Stelle finden*
job prospect *Aussicht auf Arbeit*
join *beitreten*
judge *Richter(in)*
jury *die Geschworenen*

kidnap *entführen*
kidnapping *Entführung*
knife *Messer*
knowledge *Wissen*

L

lawyer *Anwalt, Anwältin*
leader *(An)führer(in)*
community leader – *angesehenes oder führendes Mitglied einer Gemeinde, das eine repräsentative Funktion, aber keine besonderen Befugnisse hat*
religious leader – *religiöses Oberhaupt*
Muslim leader – *führendes Mitglied der muslimischen Gemeinschaft*
learning *Lernen*
life-long learning – *lebenslanges Lernen*
distance learning – *Fernstudium, Fernunterricht*
learning difficulties – *Lernschwierigkeiten*
lesbian[1] *lesbisch*
lesbian[2] *Lesbierin, Lesbe (fam)*
lifestyle *Lebensstil*
literacy *Lese- und Schreibfähigkeit*
live *leben*
to live together – *zusammenleben*
living conditions *Lebensbedingungen*
low-income *einkommensschwach*

M

manor *Revier*
manslaughter *Totschlag*
marriage *Ehe*
arranged marriage – *arrangierte Hochzeit*
forced marriage – *Zwangsehe*
marry *heiraten*
to get married – *heiraten*
migration *Migration*
mosque *Moschee*
mother *Mutter*
mug *überfallen*
to get mugged – *überfallen werden*
mugging *Überfall*
murder[1] *Mord*
murder[2] *ermorden*

N

neglect *Vernachlässigung, Verwahrlosung*
neighbour *Nachbar(in)*
neighbourhood *Nachbarschaft*
nursery school *Kindergarten*

Thematische Wortschätze

O

offence *Straftat*
offender *(Straf)täter(in)*
young offender – *jugendlicher Straftäter*
oldies *(fam) Oldies (fam)*
out-of-control *außer Kontrolle*
overcrowded *überfüllt*
overcrowding *Überbevölkerung; Überfüllung*

P

parent *Elternteil*
parents – *Eltern*
party *Party, Fete*
patrol *patrouillieren*
pay *zahlen*
unable to pay one's rent – *seine Miete nicht zahlen können*
peer *Gleichaltrige(r); Seinesgleichen*
to be accepted by one's peers – *von seinesgleichen akzeptiert werden*
peer pressure – *Gruppenzwang*
penalty *Strafe*
financial penalty – *Geldstrafe*
death penalty – *Todesstrafe*
pension *Rente*
state pension – *gesetzliche Rente*
pensioner *Rentner(in)*
people trafficking *Menschenhandel*
period *(Schul)stunde*
personality *Persönlichkeit*
police *Polizei*
pollution *Verschmutzung*
population *Bevölkerung*
postgraduate *Postgraduierte(r) (Student(in) nach dem ersten akademischen Grad)*
poverty *Armut*
pressure *Druck*
primary school (BRIT) *Grundschule*
private school *Privatschule*
probation officer *Bewährungshelfer(in)*
problem *Problem*
marital problems – *Eheprobleme*
programme *Programm*
drug programme – *Drogenprogramm*
rehabilitation programme – *Reha-Programm*
project *Projekt*
prositittute *Prostituierte(r)*
prostitution *Prostitution*
to be forced into prostitution – *zur Prostitution gezwungen werden*
protection *Schutz*
puberty *Pubertät*
public *Öffentlichkeit*
public school (BRIT) *Privatschule;* (AM) *Staatsschule*
public services *öffentlicher Dienst*

Q

qualification *Schul- / Studienabschluss*

R

racism *Rassismus*
rape *Vergewaltigung*
rapist *Vergewaltiger*
rebel *rebellieren*
to rebel against sth – *gegen etw rebellieren*
rehouse *umsiedeln*
relationship *Beziehung*
religion *Religion*
religious *religiös, gläubig*
remarry *wieder heiraten*
rent[1] *Miete*
rent[2] *mieten*
resident *Einwohner(in), Bewohner(in)*
resources *Ressourcen*
respect *Respekt*
responsibility *Verantwortung*
to accept responsibility – *die Verantwortung übernehmen*
responsible *verantwortlich*
returnee *Ausgewiesene(r)*
robbery *Diebstahl*
armed robbery – *bewaffneter Raubüberfall*
run away *weglaufen*
rural *ländlich*

Society

scheme *Maßnahme, Programm*
pilot scheme – *Pilotprojekt*

scholarship *Stipendium*
to win a scholarship to ... – *ein Stipendium für ... erhalten*

school *Schule*

school system *Schulsystem*

secondary school (BRIT) *weiterführende Schule*

segregation *Trennung*

sentence *Urteil*
to sentence sb to death / 10 years imprisonment – *jdn zum Tode / zu 10 Jahren Haft verurteilen*

separate *sich trennen*

settle down *ein geregeltes Leben beginnen*

shelter *Obdach; Zuflucht*
shelter for the homeless – *Obdachlosenheim*

shooting *Schießerei*

shortage *Knappheit, Mangel*
housing shortage – *Wohnungsnot*

sibling *Geschwister*
older / younger siblings – *ältere / jüngere Geschwister*

single *Single*
single mother – *allein erziehende Mutter*

single-sex *nach Geschlechtern getrennt*

sister *Schwester*

sixth form college (BRIT) *College, das Schüler(innen) auf den A level-Abschluss vorbereitet*

skill *Fertigkeit, Fähigkeit*

sleep rough *auf der Straße schlafen*

slum *Slum*

society *Gesellschaft*
multicultural society – *multikulturelle Gesellschaft*

socio-economic *sozioökonomisch*

son *Sohn*

special needs *Förder-*
special-needs child – *Kind mit besonderem Förderbedarf*
special-needs teacher – *Lehrer für den Förderunterricht*

special school *Sonderschule*

stab *niederstechen*
stabbed to death – *erstochen*

standard *Standard*
educational standard – *Bildungsstandard*

state school *Staatsschule*

status *Status*

street *Straße*
to end up / live on the street – *auf der Straße landen / leben*

student *Student(in)*

study *studieren*
to study German / engineering / medicine – *Deutsch / Maschinenbau / Medizin studieren*

subject *Fach*

suburb *Vorort*

success *Erfolg*

suffer *leiden*
to suffer abuse / neglect – *missbraucht / vernachlässigt werden*

support centre *Beratungszentrum*

synagogue *Synagoge*

system *System*
care / legal system – *Pflege- / Rechtssystem*

T

teacher *Lehrer(in)*

teenage *im Teenageralter*
teenage pregnancy – *Schwangerschaften bei Mädchen zwischen dem 12. und 18. Lebensjahr*

teenager *Teenager*

temple *Tempel*

territory *Territorium, Revier*

terrorism *Terrorismus*

terrorist *Terrorist(in)*

theft *Diebstahl*

tie *Bindung*
to form close ties – *enge (Ver)bindungen eingehen*

tower block *(Wohn)hochhaus*

town *Stadt*

traffic *Verkehr*
heavy traffic – *starker Verkehr*

Thematische Wortschätze

transport *Transport*
public transport – *öffentliche Verkehrsmittel*
travel *reisen*
truancy *unentschuldigtes Fehlen in der Schule*
truant *Schulschwänzer(in)*
to play truant – *die Schule schwänzen*
tuition fees *Schulgeld*
to pay tuition fees – *Schulgeld zahlen*
turf war *Revierkampf*

U
undergraduate *Student(in)*
unemployed *arbeitslos*
unemployment *Arbeitslosigkeit*
university *Universität*
to go to university – *studieren*
urban *städtisch*

V
vandalism *Vandalismus*
victim *Opfer*
to fall victim to sth – *etw zum Opfer fallen*
victimize *schikanieren*
village *Dorf*

violence *Gewalt*
domestic violence – *häusliche Gewalt*
act of violence – *Gewalttat*
violent *gewalttätig*
volunteer[1] *ehrenamtlicher Mitarbeiter, ehrenamtliche Mitarbeiterin*
volunteer[2] *ehrenamtlich arbeiten*
vountary work *ehrenamtliche Arbeit*
vulnerable *schutzbedürftig, verletzlich*

W
wedding *Hochzeit*
widow *Witwe*
widowed *verwitwet*
widower *Witwer*
witness *Zeuge, Zeugin*
work experience *Praktikum*
to go on a work experience – *ein Praktikum machen*

Y
young *jung*
young people – *Jugendliche*
youngster *Jugendliche(r)*
youth *Jugend*

Society

Thematische Wortschätze

A

abolition *Abschaffung*
abuse *(hier:) Beschimpfung*
accent *Akzent*
accept *akzeptieren*
acceptance *Akzeptanz*
Africa *Afrika*
African *Afrikaner(in)*
Afro-Caribbean *Afrokaribe, -karibin*
aggression *Aggression*
aggressive *aggressiv*
alien¹ *Ausländer(in)*
illegal alien – *illegaler Einwanderer*
alien² *fremd*
ancestor *Vorfahr(in)*
ancestry *Abstammung*
Anglo-Saxon *Angelsachse, -sächsin*
anti-discrimination *Antidiskriminierungs-*
anti-discrimination law – *Antidiskriminierungsgesetz*
anti-European *antieuropäisch*
appearance *Aussehen*
arrival *Ankunft*
Asia *Asien*
Asian *Asiate, Asiatin*
asset *Vorzug*
asylum *Asyl*
to seek asylum – *Asyl beantragen*
to grant sb asylum – *jdm Asyl gewähren*
to refuse sb asylum – *jds Asylantrag ablehnen*
asylum seeker *Asylbewerber(in)*

B

background *Herkunft*
Bangladeshi *Bangladescher(in)*
birth *Geburt*
place of birth – *Geburtsort*
black *schwarz*
BNP (= British National Party) *britische Nationalpartei*
bond *Band, Bindung*
Britain *Großbritannien*
British *britisch*
Britishness *britische Wesensart (bezieht sich auf die Kultur und nationale Identität des britischen Volkes)*

C

Caribbean *Karibik*
citizen *(Staats)bürger(in)*
citizenship *Staatsbürgerschaft*
coexist *nebeneinanderleben*
colonial *kolonial*
colonial power – *Kolonialmacht*
colonialism *Kolonialismus*
colony *Kolonie*
to establish a colony – *eine Kolonie gründen*
colour *Farbe*
skin colour – *Hautfarbe*
coloured *farbig*
Commonwealth *Commonwealth (Vereinigung unabhängiger Staaten bestehend aus Großbritannien und seinen ehemaligen Kolonien)*
community *Gemeinde; Gemeinschaft*
Muslim / Sikh community – *muslimische Gemeinde / Sikh-Gemeinde*
local community – *Gemeinde*
conflict *Konflikt*
contribute *beitragen*
country *Land*
developed / industrialized country – *Industrieland*
developing country – *Entwicklungsland*
create *schaffen*
crime *Kriminalität; Verbrechen*
cultural *kulturell*
culture *Kultur*

D

decolonization *Entkolonialisierung*
democracy *Demokratie*
democratic *demokratisch*
dependency *Schutzgebiet; Territorium*
deprived *sozial benachteiligt*
deprived area – *sozial schwache Gegend*
descendant *Nachkomme*
descent *Abstammung*
to be of ... descent – *...er Abstammung sein*

Multicultural Britain

difference *Unterschied*
cultural / religious differences – *kulturelle / religiöse Unterschiede*

different *anders*

disappear *verschwinden*

discriminate *diskriminieren*
discriminate against sb – *jdn diskriminieren*

discrimination *Diskriminierung*
racial discrimination – *Rassendiskriminierung*
religious discrimination – *Diskriminierung aufgrund der Religionszugehörigkeit*

diverse *unterschiedlich*

diversity *Vielfalt*
ethnic and cultural diversity – *ethnische und kulturelle Vielfalt*

dress *(hier:) Kleidung*

E

East *der Osten*

Eastern Europe *Osteuropa*

elder *Ältere(r); Älteste(r)*

emigrate *auswandern*
to emigrate to ... – *nach ... auswandern*

empire *Reich*
British Empire – *Britisches Imperium*

environment *Umgebung*

equal *gleichberechtigt*

equality *Gleichberechtigung*
racial equality – *Rassengleichheit*

ethnic *ethnisch*
ethnic composition – *ethnische Zusammensetzung*

expansion *Expansion, Erweiterung*
imperial expansion – *imperialistische Expansion*

exploit *ausbeuten*

expulsion *Ausweisung*

external *extern*

F

fair *gerecht*

faith *Glauben*

faith school *konfessionelle Schule*

firm *bestimmt, streng; sicher*

first-generation *der ersten Generation*

flee *fliehen*

forced *Zwangs-*
forced prostitution – *Zwangsprostitution*
forced marriage – *Zwangsehe*
forced expulsion – *Zwangsausweisung*

foreign *ausländisch; fremd*

foreigner *Ausländer(in)*

freedom *Freiheit*

fundamentalism *Fundamentalismus*

fundamentalist *Fundamentalist(in)*

future *Zukunft*

G

generation *Generation*

group *Gruppe*

H

harassment *Belästigung*

harmony *Harmonie*

Hindu *Hindu*

home *Zuhause*

homeland *Heimat*

homogeneity *Homogenität*

homogenous *homogen*

I

identity *Identität*
sense of identity – *Identitätsgefühl*
national identity – *nationale Identität*

identity card *Personalausweis*

illegal(ly) *illegal*
to enter the country illegally – *illegal einwandern*

imam *Imam*

immigrant[1] *Einwanderer, -derin*

immigrant[2] *Einwanderer-*
immigrant society – *Einwanderergesellschaft*

immigration *Einwanderung*
immigration law – *Einwanderungsgesetz*
immigration quota – *Einwanderungsquote*
mass immigration – *Masseneinwanderung*

incomer *Einwanderer, -derin*

independence *Unabhängigkeit*
to gain independence – *die Unabhängigkeit erlangen*

Indian *Inder(in)*

indigenous *(ein)heimisch*

Thematische Wortschätze

inequality *Ungleichheit*
influence[1] *Einfluss*
influence[2] *beeinflussen*
influx *Zustrom*
influx of refugees – *Flüchtlingsstrom*
integrated *integriert*
integration *Integration*
interracial *gemischtrassig*
interracial marriage – *gemischtrassige Ehe, Mischehe*
interracial violence – *Gewalt zwischen unterschiedlichen ethnischen Gruppen*
intolerance *Intoleranz*
racial intolerance – *Fremdenfeindlichkeit*
religious intolerance – *Feindseligkeit gegen Menschen anderer Religionsgemeinschaften*
intruder *Eindringling*
Islam *Islam*
Islamic *islamisch*

J
Jew *Jude, Jüdin*
Jewish *jüdisch*
job *Stelle; Arbeit*

L
labour *Arbeitskräfte*
cheap labour – *billige Arbeitskräfte*
forced labour – *Zwangsarbeit*
legimate *rechtmäßig*
live *leben, wohnen*
to live together – *zusammenleben*
living conditions *Lebensbedingungen*

M
migrant[1] *Zuwanderer, -derin*
migrant[2] *Zuwanderer-*
migrant worker – *Wanderarbeiter(in)*
migration *Zuwanderung*
minority *Minderheit*
ethnic / racial minority – *ethnische Minderheit*
mix *Mischung*
mixed-race *gemischtrassig; gemischter Herkunft*
mosque *Moschee*
multicultural *multikulturell*

multiculturalism *Multikulturalismus*
multi-ethnic *Vielvölker-*
multi-ethnic society – *Vielvölkergesellschaft*
multiracial *gemischtrassig*
Muslim *Muslim(in)*

N
nation *Nation*
National Front *britische rechtsradikale Partei*
nationality *Nationalität*
dual nationality – *doppelte Staatsbürgerschaft*
neighbour *Nachbar(in); Mitbürger(in)*
non-white *farbig*

O
open *offen*
openness *Offenheit*
opposition *Widerstand*
opposition to sth – *Widerstand gegen etw*
oppress *unterdrücken*
oppression *Unterdrückung*
optimistic *optimistisch*
origin *Herkunft*
to be of German origin – *deutscher Herkunft sein*

P
Paki-bashing *(pej!) das Verprügeln Mitbürger pakistanischer Herkunft*
Pakistani *Pakistaner(in)*
passport *Pass*
false passport – *falscher Pass*
patriotic *patriotisch*
patriotism *Patriotismus*
peaceful *friedlich*
people *Menschen; Volk*
persecute *verfolgen*
persecution *Verfolgung*
pessimistic *pessimistisch*
pluralism *Pluralismus*
poor *arm*
poor area – *armes / sozial schwaches Viertel*
population *Bevölkerung*
population movement – *Bevölkerungsentwicklung*
working population – *arbeitende Bevölkerung*

Multicultural Britain

poverty *Armut*
poverty line / level – *Armutsgrenze*
prejudice *Vorurteil*
problem *Problem*
protectorate *Protektorat*
protest *Protest*
proud *stolz*
pure *rein*
purity *Reinheit*

race *Rasse*
race riots – *Rassenunruhen*
race relations *Rassenbeziehungen*
race relations act (BRIT) – *Gesetz gegen Diskriminierung aufgrund der Rasse und ethnischen Herkunft*
racial *Rassen-*
racial hatred – *Rassenhass*
racial attack – *rassistischer Übergriff*
racial abuse – *rassistische Beschimpfung*
racism *Rassismus*
rage *Wut, Zorn*
Raj *die britische Kolonialzeit in Indien*
refugee *Flüchtling*
political refugee – *politischer Flüchtling*
economic refugee – *Wirtschaftsflüchtling*
religion *Religion*
religious *religiös*
religious affiliation – *Religionszugehörigkeit*
renew *erneuern*
repatriation *Rückführung*
respect *Respekt*
mutual respect – *gegenseitiger Respekt*
restrict *beschränken*
to restrict immigration – *die Zuwanderung begrenzen*
rich *reich*
richness *Reichtum*
right[1] *Recht*
the right to ... – *das Recht auf ...*
right[2] *die Rechte*
the far right – *die Rechtsextremisten*
right-wing *(politisch) rechts*
riot *Unruhen*

second-generation *der zweiten Generation*
segregation *Trennung*
separate[1] *getrennt*
separate[2] *trennen*
settle *besiedeln; sich niederlassen*
settler *Siedler(in)*
Sikh *Sikh*
slave *Sklave, Sklavin*
slave trade – *Sklavenhandel*
slavery *Sklaverei*
abolition of slavery – *Abschaffung der Sklaverei*
smuggle *schmuggeln*
to smuggle illegal immigrants into a country – *Menschen illegal in ein Land schleusen*
smuggler *Schmuggler(in)*
smuggling *Schmuggel*
people smuggling – *Menschenschmuggel*
society *Gesellschaft*
stand out *auffallen*
strengthen *kräftigen*
support *Unterstützung*
support for sth – *Unterstützung für etw*
suspicion *Misstrauen*
suspicious *misstrauisch*
synagogue *Synagoge*

temple *Tempel*
tension *Spannung*
tension in the community – *Spannungen in der Gemeinde*
third-generation *der dritten Generation*
threat *Bedrohung*
threaten *bedrohen*
tolerance *Toleranz*
tolerant *tolerant*
trafficking *(illegaler) Handel*
people trafficking – *Menschenhandel*
trouble *Ärger*
trouble between ... – *Ärger zwischen ...*
troublespot *Brennpunkt*
turn to *sich wenden an*
to turn to crime – *in die Kriminalität flüchten*

Thematische Wortschätze

U
unemployed *arbeitslos*
unemployment *Arbeitslosigkeit*
high unemployment – *hohe Arbeitslosigkeit*
Union Jack *Union Jack (britische Flagge)*
unique *einmalig*
uprising *Ausschreitungen*

V
value *Wert*
cultural values – *kulturelle Werte*
veil *Schleier*
to wear a veil – *einen Schleier tragen*
violence *Gewalt*
violent *gewalttätig*

W
welcome *Empfang; Willkommen*
West *der Westen*
West Indian *Westinder(in)*
white *weiß*

X
xenophobia *Ausländerfeindlichkeit*

Multicultural Britain

Thematische Wortschätze

A

absenteeism *häufiges Fernbleiben von der Arbeit*
account *Konto*
bank account – *Bankkonto*
advertising *Werbung*
afford *sich leisten*
to be able to afford sth – *sich etw leisten können*
AGM (= annual general meeting) *Jahreshauptversammlung*
agriculture *Landwirtschaft*
application *Bewerbung*
apply *sich bewerben*
to apply for a job – *sich auf eine Stelle bewerben*
apprentice *Lehrling, Auszubildende(r)*
apprenticeship *Lehre, Ausbildung*
assembly line *Montageband*
assets *Vermögenswerte*
ATM (= automated teller machine) *Geldautomat*

B

ban *Verbot*
bank *Bank*
bankrupt *bankrott*
to be bankrupt – *bankrott sein*
to go bankrupt – *bankrottgehen*
benefit *Beihilfe; Unterstützung*
to be on benefits – *Sozialhilfe bekommen*
board *Vorstand*
board of directors – *Vorstand; Aufsichtsrat*
bonus *Prämie; Tantieme*
boom *Aufschwung, Boom;* (STOCKEX) *Hausse*
booming *florierend*
booming economy – *florierende Wirtschaft*
borrow *leihen*
boss *Vorgesetzte(r), Chef(in)*
boycott[1] *Boykott*
boycott[2] *boykottieren*
to boycott a company / label – *ein Unternehmen / eine Marke boykottieren*
branch *Filiale*
brand *Marke*

breach *Verstoß; Verletzung*
breach of contract – *Vertragsbruch*
budget *Budget; Etat*
business *Geschäft; Unternehmen*
to do business with sb – *mit jdm Geschäfte machen*
businessman, -woman *Geschäftsmann, -frau*
buy *kaufen*

C

call centre *Callcenter*
capital *Kapital*
capitalism *Kapitalismus*
career *Beruf; Karriere*
cargo *Fracht*
cash card *Bankkarte*
cash machine (BRIT) *Geldautomat*
CEO (= chief executive officer) *Geschäftsführer(in)*
chair *Vorsitz; Vorsitzende(r)*
chairman, -woman *Vorsitzende(r)*
cheap *billig*
cheap labour – *billige Arbeitskräfte*
check (AM) *Scheck*
cheque (BRIT) *Scheck*
child labour *Kinderarbeit*
client *Kunde, Kundin*
collapse *zusammenbrechen*
colleague *Kollege, Kollegin*
commerce *Handel*
commercial *Handels-; kommerziell*
commission *Provision*
company *Firma, Unternehmen*
competition *Konkurrenz; Wettbewerb*
competitive *konkurrierend; wettbewerbsfähig*
condition *Bedingung*
working conditions – *Arbeitsbedingungen*
consultant *Berater(in)*
management consultant – *Unternehmensberater(in)*
consumer *Verbraucher(in)*

Economics in the modern world

consumption *Verbrauch*
contract *Vertrag*
contribution *Beitrag; Abgabe*
welfare contributions – *Sozialabgaben*
corporate identity *Corporate Identity*
corporation *Unternehmen*
cost *kosten*
costs *Kosten*
to cut costs – *Kosten (ein)sparen*
crash *Zusammenbruch*
stock market crash – *Börsenkrach*
create *schaffen*
to create jobs – *Stellen schaffen*
credit card *Kreditkarte*
credit crunch *Kreditklemme*
currency *Währung*
customer *Kunde, Kundin*
customer service *Kundenservice*
cut *senken, reduzieren*
CV (= curriculum vitae) (BRIT) *Lebenslauf*

E

deal *Geschäft*
to make / do a deal with sb – *mit jdm ein Geschäft abschließen*
debt *Schuld*
to be in debt – *Schulden haben*
Third World debt – *Verschuldung der Dritten Welt*
debt relief *Schuldenerlass*
deficit *Defizit*
trade deficit – *Handelsdefizit*
deliver *liefern*
delivery *Lieferung*
demand *Nachfrage*
to create a demand – *einen Bedarf schaffen*
to satisfy a demand – *einen Bedarf decken*
deputy *Stellvertreter(in)*
devalue *abwerten*
to devalue a currency – *eine Währung abwerten*
develop *entwickeln*
developing *Entwicklungs-*
developing nation – *Entwicklungsland*
developing world – *Entwicklungsländer*

development *Entwicklung*
disability *Behinderung*
discount *Rabatt*
discriminate *diskriminieren*
to discriminate against sb – *jdn diskriminieren*
discrimination *Diskriminierung*
dismiss *entlassen*
dismissal *Entlassung*
distribution *Auslieferung; Vertrieb*
distribution of wealth – *Vermögensverteilung*
diversity *Vielfalt*
dole (BRIT) *(fam) Arbeitslosengeld; Stütze (fam)*
to be on the dole – *stempeln gehen*
dollar *Dollar*
domestic *Inlands-, Binnen-*
downsize *Personal abbauen*
downsizing *Personalabbau*
downward *abwärts*

E

earn *verdienen*
to earn money – *Geld verdienen*
ECB (= European Central Bank) *EZB (Europäische Zentralbank)*
economic *Wirtschafts-*
economic growth – *Wirtschaftswachstum*
economic divide – *Kluft zwischen den Industriestaaten und der Dritten Welt*
economic downturn – *Konjunkturabschwung*
economics *Wirtschaftswissenschaften; Betriebswirtschaft*
economist *Wirtschaftswissenschaftler(in); Betriebswirt(in)*
economy *Wirtschaft, Konjunktur*
free-market economy – *freie Marktwirtschaft*
planned economy – *Planwirtschaft*
social market economy – *soziale Marktwirtschaft*
effective *effektiv*
employ *beschäftigen*
employed *beschäftigt*
employee *Arbeitnehmer(in), Mitarbeiter(in)*

Thematische Wortschätze

employer *Arbeitgeber*
employment *Beschäftigung*
enterprise *Unternehmen; Unternehmensgeist*
entrepreneur *Unternehmer(in)*
eradicate *ausrotten*
estate agent (BRIT) *Immobilienmakler(in)*
euro *Euro*
exchange *Währung; Börse*
rate of exchange – *Wechselkurs*
foreign exchange – *Devisen*
expand *expandieren*
expansion *Expansion*
experience *Erfahrung*
exploit *ausbeuten*
exploitation *Ausbeutung*
export *Export*
export duty *Exportzoll*

F

factory *Fabrik*
fair¹ *Messe*
trade fair – *Handelsmesse*
fair² *fair; lauter*
fall *sinken, fallen*
finance *Finanzwesen*
financial *finanziell*
fire *(fam) feuern (fam)*
firm *Firma, Unternehmen*
flexibility *Flexibilität*
flexible *flexibel*
flexitime *Gleitzeit*
foreman, -woman *Vorarbeiter(in)*
Fourth World *Vierte Welt (Menschen, die unter extremer Armut und sozialer Ausgrenzung leiden)*
free trade *Freihandel*
freelance *freiberuflich*
freelancer *Freiberufler(in)*

G

G8 (= Group of Eight) *G8*
G8 summit – *G8-Gipfel(treffen)*

GDP (= gross domestic product) *BIP (Bruttoinlandsprodukt)*
global *global*
global village *globales Dorf (die moderne Welt, die durch elektronische Vernetzungen zu einem ‚Dorf' zusammengewachsen ist)*
globalization *Globalisierung*
go up *steigen*
goods *Waren*
grant *Subvention*
growth *Wachstum*
growth rate *Wachstumsrate*

H

harass *mobben*
harassment *Mobbing*
head *Leiter(in)*
head office *Zentrale, Hauptverwaltung*
hire *einstellen*
holiday *Urlaub*
annual holiday – *Jahresurlaub*
to take two days' holiday – *zwei Tage Urlaub nehmen*
hours *Arbeitszeit*
human resources *Personalabteilung*

IMF (= International Monetary Fund) *IWF (Internationaler Währungsfonds)*
import *Import*
incentive *Anreiz*
increase *erhöhen*
industrial *Industrie-; industriell*
industrial nation – *Industrieland*
industrial action *Arbeitskampfmaßnahmen*
to take industrial action – *in den Ausstand treten*
industrialization *Industrialisierung*
industry *Industrie*
aerospace / automotive industry – *Raumfahrt- / Automobilindustrie*
manufacturing industry – *verarbeitende Industrie*
inequality *Ungleichheit*

Economics in the modern world

inflation *Inflation*
rate of inflation – *Inflationsrate*
insurance *Versicherung*
interest *Zins*
to pay interest – *Zinsen zahlen*
interest rate *Zinssatz*
to raise interest rates – *den Zinssatz erhöhen*
international *international*
internship *Praktikum*
interview *Vorstellungsgespräch; Interview*
invest *investieren*
investment *Investition*
investor *Investor(in)*
invoice *Rechnung*

J
job *Stelle, Arbeit*
job security *Sicherheit des Arbeitsplatzes; Arbeitsplatzgarantie*
jobcentre (BRIT) ≈ *Agentur für Arbeit*

L
label *Marke*
labor union (AM) *Gewerkschaft*
labour (BRIT) *Arbeit; Arbeitskräfte*
labour market – *Arbeitsmarkt*
skilled / unskilled labour – *Facharbeiter / ungelernte Arbeitskräfte*
casual labour – *Gelegenheitsarbeit*
seasonal labour – *Saisonarbeit*
lay off (fam) *entlassen*
leave *Urlaub*
paid / unpaid leave – *bezahlter / unbezahlter Urlaub*
maternity / paternity leave – *Mutterschafts- / Vaterschaftsurlaub*
lend *leihen*
to lend money to sb – *jdm Geld leihen*
liberalize *liberalisieren*
living *Lebensunterhalt*
to make a living – *sich seinen Lebensunterhalt verdienen*
loan *Kredit, Darlehen*
logo *Logo*
long-term *langfristig*
loss *Verlust*
to make a loss – *Verluste machen*
Ltd (= Limited) *GmbH*

M
management *(Geschäfts)führung*
manager, -ess *Geschäftsführer(in)*
manufacture *herstellen*
margin *Marge*
market *Markt*
market forces *Marktkräfte*
market research *Marktforschung*
marketing *Marketing*
mass *Masse*
mass production – *Massenproduktion*
mass-produce *in Massenproduktion herstellen*
maximize *maximieren*
MD (= managing director) *Geschäftsführer(in)*
mediate *schlichten*
meeting *Besprechung*
merge *fusionieren*
merger *Fusion*
microcredit *Mikrokredit*
minimum wage *Mindestlohn*
mobility *Mobilität*
money *Geld*
mortgage *Hypothek*
multinational *multinational*
multinational company – *multinationaler Konzern*

N
national *national*
natural resources *natürliche Ressourcen*
negotiate *verhandeln*
negotiation *Verhandlung*

O
occupation *Beruf*
offer *Angebot*
offshore *Auslands-*
operate *tätig sein, operieren*
opportunity *Gelegenheit*
equal opportunities – *Chancengleichheit*

Thematische Wortschätze

organization *Organisation*
outsource *auslagern, outsourcen*
overdraft *Überziehungskredit*
overtime *Überstunden*
to work overtime – *Überstunden machen*

P

partner *Partner(in)*
partnership *Partnerschaft*
pay rise *Gehaltserhöhung*
payment *Zahlung*
pension *Rente*
pension scheme *Rentenversicherung*
company pension scheme – *betriebliche Altersvorsorge*
personnel *Personal; Personalabteilung*
PIN (= personal identification number) *PIN*
plant *Fabrik*
plc (= public limited company) *AG (Aktiengesellschaft)*
pound *Pfund*
poverty *Armut*
presentation *Präsentation*
president (AM) *(Vorstands)vorsitzende(r)*
price *Preis*
to raise / drop prices – *die Preise erhöhen / senken*
primary industry *Grundstoffindustrie*
privatize *privatisieren*
produce *herstellen*
producer *Hersteller(in)*
product *Produkt*
productivity *Produktivität*
profession *Beruf*
professional *beruflich; professionell*
profit *Gewinn*
to make a profit – *Gewinn machen*
to generate profit – *Gewinne erzielen*
profitable *rentabel*
project *Projekt*
promote *befördern*

promotion *Beförderung*
property *Eigentum*
property market – *Immobilienmarkt*
proprietor *Inhaber(in)*
prospect *Aussicht*
prosper *florieren; Erfolg haben*
prosperity *Wohlstand; Erfolg*
provide *liefern; bieten*
to provide a service – *eine Dienstleistung anbieten*
to provide customer service – *Kundenservice bieten*

qualifications *Schul-/Studienabschluss*
quality *Qualität*
quarter *Quartal*

R

rate *Rate*
rate of return – *Rendite*
rate of interest – *Zinssatz*
raw material *Rohstoff*
real estate *Immobilien*
realtor (AM) *Immobilienmakler(in)*
recall[1] *Rückruf*
recall[2] *zurückrufen*
recession *Rezession*
redundancy (BRIT) *Entlassung*
redundancy payment – *Abfindung*
redundant (BRIT) *arbeitslos*
to be made redundant – *entlassen werden*
refund *Rückzahlung*
repay *zurückzahlen*
résumé (AM) *Lebenslauf*
retailer *Einzelhändler(in)*
retire *in Rente gehen*
retirement *Rente*
rise *steigen*
rising *steigend*
risk *Risiko*
rival *Konkurrenz; Konkurrent(in)*
run *führen, leiten*
to run a business / company – *eine Firma leiten*

Economics in the modern world

S

salary *Gehalt*
sales *Vertrieb; Absatz*
annual sales – *Jahresabsatz*
sales representative *Handelsvertreter(in)*
sanction *Sanktion*
to impose / lift sanctions – *Sanktionen verhängen / aufheben*
save *sparen*
scheme *(hier:) Maßnahme*
job creation scheme – *Arbeitsbeschaffungsmaßnahme*
secondary industry *verarbeitende Industrie*
section *Abteilung*
sector *Sektor, Branche*
private sector – *Privatwirtschaft*
public sector – *öffentlicher Sektor*
manufacturing sector – *verarbeitendes Gewerbe*
self-employed *selbstständig*
sell *verkaufen*
service *Dienstleistung*
set up *eröffnen; gründen*
to set up a business – *eine Firma gründen*
severance *Abfindung*
share *Aktie*
to buy / sell shares – *Aktien kaufen / verkaufen*
share index *Aktienindex*
share price *Aktienpreis*
share prices have risen / fallen – *die Aktienpreise sind gestiegen / gefallen*
shareholder *Aktionär(in)*
shift *Schicht*
to work in shifts – *schichten*
to work the night shift – *Nachtschicht haben*
shipment *Lieferung, Sendung*
short-term *kurzfristig*
skill *Fertigkeit; Fähigkeit*
slash *kürzen; senken*
slogan *Werbeslogan*
slump *Einbruch; (stockex) Baisse*
economic slump – *Konjunkturrückgang*
SME (= small and medium-sized enterprises) *kleine und mittelständische Betriebe*

soar *rapide steigen / zunehmen*
staff *Personal, Belegschaft*
standard *Standard*
standard of living – *Lebensstandard*
start *gründen, eröffnen*
to start a business – *eine Firma gründen*
start-up *Start-Up(-Unternehmen)*
state-owned *staatlich*
stock exchange *Börse*
listed on the stock exchange – *börsennotiert*
stocks *Aktien*
strategy *Strategie*
strike¹ *Streik*
to go on strike – *streiken*
strike² *streiken*
subprime *minderwertig, bonitätsschwach*
subprime mortgage – *minderwertige Hypothek*
subsidiary *Tochterunternehmen*
subsidized *subventioniert*
subsidy *Subvention*
success *Erfolg*
supply *Angebot*
surplus *Überschuss*
trade surplus – *Außenhandelsüberschuss*
sweatshop *Sweatshop (Fabrik, meist in einem Entwicklungsland, in der Menschen zu Niedrigstlöhnen arbeiten)*

T

take over *übernehmen*
takeover *Übernahme*
hostile takeover – *feindliche Übernahme*
target *Ziel(vorgabe)*
to meet / miss a target – *ein Ziel erreichen / verfehlen*
tax *Steuer*
corporate tax – *Körperschaftssteuer*
teleworking *Telearbeit*
temporary *befristet*
tertiary industry *Dienstleistungsindustrie*
Third World *Dritte Welt*
threshold nation *Schwellenland*

Thematische Wortschätze

trade *Handel*
international trade – *Welthandel*
foreign trade – *Außenhandel*

trade union (BRIT) *Gewerkschaft*

trademark *Warenzeichen*

tradesman *Händler; Handwerker*

train *eine Ausbildung machen*
to train as a chef / pilot – *eine Ausbildung zum Koch / Pilot machen*
to train as a doctor / lawyer – *Medizin / Jura studieren*

trainee *Trainee, Lehrling; Auszubildende(r)*

trend *Trend*
rising / downward trend – *Aufwärts- / Abwärtstrend*

turnover *Umsatz*
annual turnover – *Jahresumsatz*

unemployed *arbeitslos*

unemployment *Arbeitslosigkeit*
unemployment agency (AM) – ≈ *Agentur für Arbeit*
seasonal unemployment – *saisonale Arbeitslosigkeit*

unprofitable *unrentabel*

vacancy *freie Stelle*

value *Wert*

VAT (= value added tax) *MwSt. (Mehrwertsteuer)*

vice-chairman, -woman
stellvertretende(r) Vorsitzende(r)

wage *Gehalt, Lohn*

walkout *Arbeitsniederlegung*

wealth *Reichtum*

wealthy *reich, wohlhabend*

welfare *Sozialhilfe*
to be on welfare – *Sozialhilfe empfangen*
welfare state *Sozialstaat*

wholesaler *Großhändler(in)*

withdraw *abheben*
to withdraw money – *Geld abheben*

work[1] *Arbeit*
to be in work – *Arbeit haben*
to be out of work – *arbeitslos sein*

work[2] *arbeiten*
to work part-time – *Teilzeit arbeiten*
to work full-time – *Vollzeit arbeiten*

worker *Arbeiter(in); Arbeitnehmer(in)*
factory worker – *Fabrikarbeiter(in)*
white-collar worker – *Angestellte(r)*
blue-collar worker – *Arbeiter(in)*

workforce *Belegschaft*

world *Welt*

World Bank *Weltbank*

WTO (= World Trade Orgainzation) *WTO*

Economics in the modern world

Thematische Wortschätze

A

action *Handeln; Maßnahme*
to take action – *handeln*
activist *Aktivist(in)*
agreement *Abkommen*
to sign an agreement – *ein Abkommen unterzeichnen*
alternative *alternative(r, s)*
alternative energy – *alternative Energie*
animal *Tier*
atmosphere *Atmosphäre*
avert *verhindern*
to avert a disaster – *eine Katastrophe verhindern*
aviation *Luftfahrt*

B

balance *Gleichgewicht*
ecological balance – *ökologisches Gleichgewicht*
ban *Verbot*
ivory / whaling ban – *Elfenbein- / Walfangverbot*
hosepipe ban (BRIT) – *durch Wasserknappheit bedingtes Verbot, große Wassermengen zu verbrauchen (z. B. durch Sprengen, Autowaschen usw.)*
to impose / lift a ban on sth – *etw verbieten / nicht mehr verbieten*
biodegradable *biologisch abbaubar*
biodiesel *Biodiesel*
biodiversity *Artenvielfalt*
biofuel *Biokraftstoff, Biotreibstoff*
biosphere *Lebensraum*
biowaste *Biomüll*
breed *züchten*
breeding programme *Zuchtprogramm*

cap *Obergrenze*
emissions cap – *Obergrenze für CO_2-Ausstoß*
carbon *Kohlenstoff; (z. T. auch) Kohlendioxid*
carbon emissions – *CO_2-Ausstoß*
carbon dioxide *Kohlendioxid*
carbon footprint *ökologischer Fußabdruck*
carbon offset *CO_2-Ausgleich*

car-pooling, car-sharing *Carsharing*
catalytic converter *Katalysator*
cause[1] *Ursache*
cause[2] *verursachen*
change[1] *Veränderung*
make changes – *etw verändern*
change[2] *verändern*
chemical *Chemikalie*
CFC (= chlorofluorocarbon) *FCKW (Fluorchlorkohlenwasserstoff)*
clean *sauber*
clean car / energy – *sauberes Auto / saubere Energie*
climate *Klima*
climate change *Klimawandel*
coal *Kohle*
compost *kompostieren*
consequence *Konsequenz*
to have serious consequences for ... – *ernste Konsequenzen für ... haben*
conservation *(Umwelt)schutz*
nature conservation – *Naturschutz*
conservationist *Umweltschützer(in), Naturschützer(in)*
conserve *sparen; schützen*
to conserve energy / resources – *Energie / Ressourcen sparen*
consume *verbrauchen*
consumption *Verbrauch*
energy consumption – *Energieverbrauch*
contaminate *vergiften, verseuchen*
cost *Preis*
country *Land*
to live in the country – *auf dem Land leben*
countryside *Landschaft; Natur*
crisis *Krise*
crop *Nutzpflanze*
sb's crops fail – *jds Ernte fällt aus*
crop rotation – *Fruchtfolge*
cut *reduzieren*
to cut fuel bills / emissions – *Heizkosten / Abgase reduzieren*

The environment

D

damage *schaden*
decline *Rückgang*
decrease *Abnahme, Rückgang*
deforestation *Abholzung*
depleted *erschöpft*
depletion *Abbau*
depletion of the ozone layer – *Abbau der Ozonschicht*
desert *Wüste*
desertification *Desertifikation, Wüstenbildung*
destroy *zerstören, vernichten*
destruction *Zerstörung*
devastating *verheerend*
develop *entwickeln*
development *Entwicklung*
disaster *Katastrophe*
environmental / natural / nuclear disaster – *Umwelt- / Naturkatastrophe / nukleare Katastrophe*
drinking water *Trinkwasser*
drop *Rückgang*
drought *Dürre(periode)*
dry out *austrocknen*
dumping ground *Müll(ablade)platz*

E

earthquake *Erdbeben*
eco-building *ökologische Bauweise*
eco-debt *ökologische Schuld (Differenz zwischen dem Verbrauch natürlicher Ressourcen und deren Regenerierung)*
ecological *ökologisch*
ecological footprint – *ökologischer Fußabdruck*
ecology *Ökologie*
ecosystem *Ökosystem*
eco-tax *Ökosteuer*
eco-terrorist *Ökoterrorist(in)*
eco-warrior *militanter Umweltschützer, militante Umweltschützerin*
effect *Wirkung, Konsequenz*
to have an adverse effect on sth – *eine negative Auswirkung auf etw haben*

effective *wirksam, erfolgreich*
efficiency *Effizienz*
efficiency standard – *Effizienzstandard*
efficient(ly) *effizient*
emissions *Abgase, Schadstoffausstoß*
zero emissions – *Nullemissionen*
to cut emissions – *Abgase verringern*
CO_2 emissions – CO_2-*Ausstoß*
endanger *bedrohen*
endangered *bedroht, gefährdet*
endangered species – *vom Aussterben bedrohte Tier- / Pflanzenart*
energy *Energie*
source of energy / energy source – *Energiequelle*
energy-efficient *energieeffizient, energiesparend*
environment *Umwelt*
to protect the environment – *die Umwelt schützen*
environmental *Umwelt-*
environmental activist / campaigner – *Umweltaktivist(in)*
environmental protection – *Umweltschutz*
environmental awareness – *Umweltbewusstsein*
environmentalist *Umweltschützer(in)*
environmentally *umwelt-*
environmentally friendly – *umweltfreundlich*
environmentally aware – *umweltbewusst*
equilibrium *Gleichgewicht*
exhaust fumes *Abgase*
extinct *ausgestorben*
to become extinct – *aussterben*
extinction *Aussterben*
to hunt to extinction – *bis zum Aussterben jagen*
extreme[1] *extrem*
extreme weather – *Extremwetter*
extreme[2] *Extrem*
weather extremes – *Wetterextreme*

Thematische Wortschätze

F

factory farming *(industrielle) Massentierhaltung*
factory fishing *(industrielle) Massenfischzucht*
famine *Hungersnot*
farmer *Landwirt(in)*
farming *Landwirtschaft*
intensive / organic farming – *intensive / biologische Landwirtschaft*
fauna *Fauna*
fertilizer *Dünger, Düngemittel*
flight *Flug*
flood *Flut, Hochwasser*
flooding *Überschwemmung*
flora *Flora*
fluorocarbon *Fluorkohlenstoff*
fly *fliegen*
food miles ≈ *Lebensmittelkilometer (bezeichnet den Transportweg von Nahrungsmitteln und die dadurch entstandene Umweltbelastung)*
fossil fuel *fossiler Brennstoff*
fragile *zerbrechlich*
free-range *Freiland-*
fumes *Abgase*

G

garbage *Müll*
gas-guzzling *(fam) benzinschluckend*
gas-guzzling 4WD – *benzinschluckender Geländewagen*
generate *erzeugen*
genetic engineering *Gentechnik*
geothermal *geothermisch*
give back *zurückgeben*
glacier *Gletscher*
global warming *Erderwärmung*
to contribute to global warming – *zur Erderwärmung beitragen*
to cause global warming – *die Erderwärmung verursachen*
GM (= genetically modified) *genetisch modifiziert*
GM food – *genmanipulierte Lebensmittel*

green *(fam) ökologisch, umweltfreundlich, grün*
to go green – *sich von nun an umweltbewusst verhalten*
green policy – *grüne Politik*
green fatigue – *Ökomüdigkeit*
green tax *Ökosteuer*
greenhouse effect *Treibhauseffekt*
greenhouse gas *Treibhausgas*

habitat *Lebensraum*
natural habitat – *natürlicher Lebensraum*
harmful *schädlich*
heatwave *Hitzewelle*
hole *Loch*
hole in the ozone layer – *Ozonloch*
hunt *jagen*
hurricane *Hurrikan*

I

ice cap *Eiskappe*
polar ice cap – *polare Eiskappe*
imminent *imminent, akut*
increase[1] *erhöhen, ansteigen*
increase[2] *Erhöhung, Anstieg*
dramatic increase – *dramatischer Anstieg*
inefficient *ineffizient*
insulate *isolieren*
insulation *Isolierung*
irreversible *irreversibel*
issue *Thema, Angelegenheit*
ivory *Elfenbein*

Kyoto protocol *Kyotoprotokoll*

landfill *Mülldeponie*
overflowing landfills – *überfüllte Mülldeponien*
landscape *Landschaft*
litter *Müll*
livestock *Vieh*
long-term *langfristig*
long-term damage – *langfristige Schäden*
long-term measure – *langfristige Maßnahme*

The environment

low-carbon *kohlenstoffarm; CO$_2$ arm*

M

man-made *künstlich; von Menschen verursacht*
melt *schmelzen*
methane *Methan*
moratorium *Moratorium; Zahlungsaufschub*

N

national park *Nationalpark*
natural *natürlich*
natural gas *Erdgas*
nature *Natur*
nitrous oxide *Distickstoffmonoxid*
nuclear power plant *Atomkraftwerk*

O

oil slick *Ölteppich*
oil spill *Ölpest*
overfishing *Überfischen*
ozone *Ozon*
ozone layer – *Ozonschicht*

P

packaging *Verpackung*
pesticide *Pestizid*
planet *Planet*
plant *Pflanze*
plastic *Plastik, Kunststoff*
poach *wildern*
poacher *Wilderer (Wilderin)*
poison[1] *Gift*
poison[2] *vergiften*
poisonous *giftig*
pole *Pol*
North / South Pole – *Nord- / Südpol*
pollutant *Schadstoff*
pollute *verschmutzen*
polluter *Umweltverschmutzer(in)*
polluting *umweltverschmutzend*
pollution *Umweltverschmutzung*
to reduce pollution – *die Umweltverschmutzung verringern*

power station *Kraftwerk*
nuclear power station – *Atomkraftwerk*
proactive *proaktiv*
problem *Problem*
environmental / health problem – *Umwelt- / Gesundheitsproblem*
protection *Schutz*

Q

quality of life *Lebensqualität*

R

radiation *Strahlung*
solar radiation – *Sonnen(ein)strahlung*
rain *Regen*
heavy / torrential rain – *sintflutartiger Regen*
acid rain – *saurer Regen*
rainforest *Regenwald*
raw material *Rohstoff*
recycle *recyceln, wiederverwerten*
recycling *Recycling*
recycling programme – *Recyclingprogramm*
Red List *Rote Liste*
reduce *verringern*
reduction *Verringerung*
reforestation *Wiederaufforstung*
reintroduce *wiedereinführen*
to reintroduce into the wild – *wieder auswildern*
release *freilassen; freisetzen*
to release into the wild – *auswildern*
renewable[1] *erneuerbar*
renewable[2] *erneuerbare Energiequelle*
replant *neu bepflanzen*
reprocessing plant *Wiederaufbereitungsanlage*
resource *Ressource*
natural resource – *natürliche Ressource*
reuse *wiederverwenden*
reverse *rückgängig machen; umkehren*
rise *steigen*
rubbish *Abfall*
to separate / sort one's rubbish – *seinen Müll trennen*

Thematische Wortschätze

save *retten*
to save energy – *Energie sparen*
to save the planet – *die Erde retten*
sea *Meer*
rising seas – *steigende Meeresspiegel*
sea level *Meeresspiegel*
rising sea levels – *steigende Meeresspiegel*
sewage *Abwasser*
sewage treatment plant *Kläranlage*
shortage *Knappheit*
water shortage – *Wasserknappheit*
skin cancer *Hautkrebs*
slash and burn *Brandrodung*
smallholder (farmer) *Kleinbauer, -bäuerin*
solar *Solar-, Sonnen-*
solar energy / power – *Solarenergie*
source *Quelle*
species *Spezies, Art*
extinct / rare species – *ausgestorbene / seltene Spezies*
step *Schritt*
to take steps to … – *Schritte einleiten, um zu …*
stock *Bestand*
substance *Stoff*
survival *Überleben*
sustain *aufrechterhalten; unterstützen*
sustainability *Nachhaltigkeit*
sustainable *nachhaltig*
sustainable development – *nachhaltige Entwicklung*
sustainable lifestyle – *nachhaltiger Lebensstil*
sustainably *nachhaltig*
to live sustainably – *nachhaltig leben*

temperature *Temperatur*
above-average temperature – *überdurchschnittlich warme Temperaturen*
record temperatures – *Rekordtemperaturen*
threat *Bedrohung, Gefahr*
threaten *bedrohen*
throw-away *Wegwerf-*
throw-away society – *Wegwerfgesellschaft*
toxic *giftig*
toxic waste – *Giftmüll*
traffic *Verkehr*
volume of traffic – *Verkehrsaufkommen*
transport *Transport*
tsunami *Tsunami*

UV (= ultraviolet) *ultraviolett, UV-*
ultraviolet light – *UV-Licht*
undo *rückgängig machen*
unleaded petrol *bleifreies Benzin*
urban *urban, städtisch*
urban area – *Stadtgebiet*
use *verbrauchen*
to use less / more energy – *weniger / mehr Energie verbrauchen*

vegetation *Vegetation*
volcano *Vulkan*
volcano eruption – *Vulkanausbruch*

warm *warm*
unseasonably warm – *für die Jahreszeit zu warm*
waste[1] *Abfall, Müll*
nuclear waste – *Atommüll*
waste[2] *verschwenden*
waste disposal *Abfallentsorgung*
waste management *Abfallwirtschaft*
water *Wasser*
weather *Wetter*
whaling *Walfang*
commercial whaling – *kommerzieller Walfang*
wild[1] *wild*
wild[2] *Wildnis*
wildlife *(natürliche) Tier- und Pflanzenwelt*
wind park, wind farm *Windfarm*
wind turbine *Windrad*
wipe out *ausrotten*

The environment

Thematische Wortschätze

A

abolish *abschaffen*

admission *Zutritt; Zulassung*
to deny sb admission – *jdm den Zutritt verweigern*

admit *hineinlassen*

affirmative action *positive Diskriminierung (Förderungsmaßnahmen zugunsten von Minderheiten)*

African-American *Afroamerikaner(in)*

alien *Ausländer(in)*
illegal alien – *illegaler Einwanderer*

allegiance *Loyalität*
to take an oath of allegiance – *einen Treueeid ablegen*

ambition *Ehrgeiz*

ambitious *ehrgeizig*

amendment *Zusatzartikel*

America *Amerika*
to come to America – *nach Amerika kommen*

American[1] *Amerikaner(in)*

American[2] *amerikanisch*
the American Dream – *der amerikanische Traum*
American way of life – *amerikanische Lebensart*
to think of oneself as American – *sich als Amerikaner(in) fühlen*

American-born *in Amerika geboren*

ancestor *Vorfahr(in)*

annexe *annektieren*

antebellum *Vorbürgerkriegs-*

anti-American *antiamerikanisch*

anti-Americanism *Antiamerikanismus*

apologize *sich entschuldigen*
to apologize for sth – *sich für etw entschuldigen*

arrival *Ankunft*

arrive *ankommen*

Asian *Asiate, Asiatin*

assimilate *integrieren; angleichen*

assimilation *Integration*

attractive *attraktiv*

B

benefit[1] *Vorteil*

benefit[2] *profitieren*
to benefit from sth – *von etw profitieren*

bill *Gesetzesentwurf*
Bill of Rights – *Bill of Rights (amerikanischer Verfassungszusatz über die Grundrechte)*

black[1] *Schwarze(r)*

black[2] *schwarz*

boom *Aufschwung*

border *Grenze*
south of the border – *südlich der (amerikanisch-mexikanischen) Grenze*
to cross the border – *die Grenze überqueren*

C

can-do *optimistisch, zuversichtlich*
can-do attitude – *Optimismus, Glaube an sich selbst*

census *Volkszählung*

chance *Chance*
to deserve a chance in life – *eine Chance im Leben verdienen*

Chinese *Chinesen*

citizen *Bürger(in)*

citizenship *Staatsbürgerschaft*
to apply for American citizenship – *die amerikanische Staatsbürgerschaft beantragen*
to be granted American citizenship – *die amerikanische Staatsbürgerschaft erhalten*

civil rights *Bürgerrechte*

Civil War *Bürgerkrieg*
American Civil War – *Sezessionskrieg (Amerikanischer Bürgerkrieg)*

coloured *farbig*

common good *Gemeinwohl*

community *Gemeinschaft; Gemeinde*

Confederate *konföderiert; Südstaaten-*

Confederacy *Konföderierte Staaten von Amerika*

constitution *Verfassung*

contribute *beitragen*

cotton *Baumwolle*

country *Land*
country of origin – *Herkunftsland*

The American Dream

creed *Überzeugung*
crime *Verbrechen*
cultural *kulturell*
cultural diversity – *kulturelle Vielfalt*
culture *Kultur*

Deep South *Tiefer Süden (die fünf Staaten Alabama, Georgia, South Carolina, Mississippi und Louisiana, die früher von der Sklaverei besonders abhängig waren)*
democracy *Demokratie*
deport *ausweisen*
deportation *Abschiebung*
Depression *Weltwirtschaftskrise*
deprive *berauben, vorenthalten*
to deprive sb of their rights – *jdm seine Rechte berauben*
descend *abstammen*
to be descended from – *abstammen von*
descendant *Nachkomme*
descent *Abstammung, Herkunft*
desperado *Desperado (jd, der nichts mehr zu verlieren hat und daher zu allem bereit ist)*
determination *Entschlossenheit*
development fund *Entwicklungsfonds*
discrimination *Diskriminierung*
racial discrimination – *Rassendiskriminierung*
dishwasher *Tellerwäscher(in)*
diverse *vielfältig*
diversity *Vielfalt*
downturn *Rückgang; Flaute*
economic downturn – *Konjunkturabschwung*
dream *Traum*
to live one's dream – *seinen Traum leben*
to pursue one's dream – *seinen Traum verfolgen*
Dust Bowl *Dust Bowl (Gebiet der USA, in dem in den 30ger Jahren starke Staubstürme tobten, was zu Bodenerosion und anschließendem Massenexodus führte)*

Ebonics *Ebonics (englischer Dialekt der Afroamerikaner in den USA)*
economy *Wirtschaft*
black economy – *Schattenwirtschaft*
education *Bildung*
egalitarian *egalitär*
emigrate *auswandern*
equality *Gleichheit*
racial equality – *Rassengleichheit*
era *Ära*
ethnic *ethnisch*
ethnic group – *ethnische Gruppe*
ethnic minority – *ethnische Minderheit*
event *Ereignis*
exceptionalism *Exzeptionalismus, Einzigartigkeit*
exclude *ausschließen*
to be excluded from sth – *von etw ausgeschlossen sein*
expansion *Expansion*
westward expansion – *Expansion in den Westen*

faith *Glaube*
fame *Ruhm*
flag *Flagge*
flee *fliehen*
flock *hineinströmen*
to flock to the United States – *in die USA strömen*
foreigner *Ausländer(in)*
Founding Fathers *Gründerväter*
freedom *Freiheit*
freedom of speech/opinion – *Rede-/ Meinungsfreiheit*
frontier *Grenze; Grenzland*
western frontier – *Grenzland im Westen Amerikas*

gateway *Tor*
gateway city – *Tor*
generation *Generation*
goal *Ziel*
to achieve one's goals – *seine Ziele erreichen*

Thematische Wortschätze

green card *Greencard (unbeschränkte Aufenthalts- und Arbeitsgenehmigung für die USA)*
grow *wachsen*
grow up *aufwachsen*
growth *Wachstum*

H

harassment *Belästigung*
hard-working *fleißig, hart arbeitend*
hire *einstellen*
Hispanic *Hispanoamerikaner(in) (in den USA lebender Einwanderer aus den Spanisch sprechenden Ländern Lateinamerikas)*
history *Geschichte*
homeland security *Heimatschutz*
hope *Hoffnung*

I

ideal *Ideal*
illegal¹ *illegal*
illegal² *illegaler Einwanderer, illegale Einwanderin*
illusion *Illusion*
image *Bild*
immigrant *Einwanderer (Einwanderin)*
immigrant society/family – *Einwanderergesellschaft/-familie*
illegal/legal immigrant – *illegaler/legaler Einwanderer*
imperialist *imperialistisch*
implausible *unplausibel*
independence *Unabhängigkeit*
Decalaration of Independence – *Unabhängigkeitserklärung*
Indian¹ *Indianer(in)*
Indian² *Inder(in)*
individual *Einzelne(r)*
individualism *Individualismus*
industrialization *Industrialisierung*
inflow *Zustrom*
inflow of immigrants – *Einwandererstrom*
internationalist *internationalistisch*
interventionism *Interventionismus*
interventionist *interventionistisch*
Irish *Iren*
isolationism *Isolationismus*

J

Jew *Jude, Jüdin*
Jewish *jüdisch*
Jim Crow *abwertende Bezeichnung für Schwarze im letzten und vorletzten Jh.*
Jim Crow laws – *Jim-Crow-Gesetze (Rassentrennungsgesetze)*
job *Arbeit, Stelle*
to find a job – *eine Arbeit finden*
to lose one's job – *seine Stelle verlieren*
justice *Gerechtigkeit*
social justice – *soziale Gerechtigkeit*

K

KKK (= Ku Klux Klan) *Ku-Klux-Klan*

L

labor force (AM) *erwerbstätige Bevölkerung*
land of plenty *Land, wo Milch und Honig fließt*
Latino *Latino*
leave *verlassen; weggehen*
legacy *Vermächtnis, Erbe*
legal *legal*
liberal *liberal*
liberty *Freiheit*
life *Leben*
to build a new life for oneself – *sich ein neues Leben aufbauen*
to build a better life for oneself – *ein besseres Leben beginnen*
living *Lebensunterhalt*
standard of living – *Lebensstandard*
to make a living – *sich seinen Lebensunterhalt verdienen*
living conditions *Lebensbedingungen*
lot *Los*
to improve one's lot – *seine Lage verbessern*
loyalty *Loyalität*
to swear loyalty – *Treue schwören*
lynching *Lynchen*

The American Dream

M

melting pot *Schmelztiegel*
Mexican *Mexikaner(in)*
migrant[1] *Zuwanderer (Zuwanderin)*
migrant[2] *Zuwanderer-*
migrant worker – *Wanderarbeiter(in)*
migration *Migration*
great migration – *die Auswanderung von ca. 20.000 puritanischen Flüchtlingen aus England nach Amerika um 1630 herum*
rate of migration – *Migrationsrate*
millionaire *Millionär(in)*
minority *Minderheit*
mistreatment *Misshandlung*
mistreatment of blacks – *Misshandlung von Schwarzen*
mixed-race *gemischter Herkunft*
moonlight *schwarzarbeiten*
move *umziehen*
to move west – *nach Westen ziehen*
multiculturalism *Multikulturalismus*
multiracial *gemischtrassig; Vielvölker-*
myth *Mythos*
mythology *Mythologie*

N

nation *Nation, Land*
nation of immigrants – *Einwandererland*
nationality *Nationalität*
Native American *Amerikanischer Ureinwohner, Amerikanische Ureinwohnerin*
naturalization *Einbürgerung*
negro *(old, pej!) Neger(in) (pej!)*
neighborhood (AM) *Nachbarschaft; Viertel*
New World *Neue Welt*
newcomer *Neuankömmling*
nightmare *Alptraum*
non-white *farbig*

O

opportunity *Chance*
land of opportunity – *Land der unbegrenzten Möglichkeiten*

P

patriotic *patriotisch*
patriotism *Patriotismus*
people *Volk*
the American people – *das amerikanische Volk*
persecute *verfolgen*
persecution *Verfolgung*
religious persecution – *Verfolgung aufgrund der Religionszugehörigkeit*
picker *Pflücker(in)*
pilgrim *Pilger(in)*
Pilgrim Fathers – *Pilgerväter*
pioneer *Pionier(in)*
plantation *Plantage*
cotton plantation – *Baumwollplantage*
planter *Plantagenbesitzer(in)*
population *Bevölkerung*
population boom – *Bevölkerungsexplosion*
poverty *Armut*
pride *Stolz*
to take pride in sth – *auf etw stolz sein*
problem *Problem*
social/economic/ecological problem – *soziales/wirtschaftliches/ökologisches Problem*
promise *Versprechen*
prosperity *Wohlstand*
Puritan *Puritaner(in)*

Q

quota *Quote*

R

race *Rasse*
racial *Rassen-*
racial assault – *rassistischer Übergriff*
racism *Rassismus*
refugee *Flüchtling*
economic refugee – *Wirtschaftsflüchtling*
political refugee – *politischer Flüchtling*
remittance *Überweisung (Geld, das ein Auswanderer an seine Familie in der Heimat schickt)*
reparations *Reparationen*
to receive reparations – *Reparationen erhalten*
represent *repräsentieren*

Thematische Wortschätze

reservation *Reservation, Reservat*
Indian reservation – *Indianerreservat*

resident *Bewohner(in)*
permanent resident – *Staatsbürger mit unbeschränkter Aufenthaltserlaubnis*
to be a resident of America – *wohnhaft in Amerika sein*

respect *Respekt*

restriction *Einschränkung*
to place tighter restrictions on sth – *etw stärker einschränken*

riches *Reichtümer*
from rags to riches – *vom Tellerwäscher zum Millionär*

right *Recht*
right to vote – *Recht zu wählen*

road *Straße*
sb is on the road to opportunity – *jdm steht alles offen*

role *Rolle*

schooling *Schulbildung*

secede *sich lossagen/trennen von*
to secede from the Union – *aus der Union austreten*

secession *Abspaltung*

security *Sicherheit*

segregated *getrennt*

segregation *Trennung*

self-image *Selbstbild*

self-reliant *selbstständig*

settle *besiedeln; sich niederlassen*

settler *(in)*

shortage *Mangel*
labor shortage (AM) – *Mangel an Arbeitskräften*

slave *Sklave, Sklavin*

slavery *Sklaverei*

smuggle *schmuggeln*

society *Gesellschaft*

the South *die Südstaaten*

Southern *Südstaaten-*

Spanglish *Spanglish (von den Hispanics in den USA gesprochene Mischform des Englischen und Spanischen)*

Stars and Stripes *Nationalflagge der USA*

star-spangled banner *Nationalflagge der USA*

subject *Staatsbürger(in)*

success *Erfolg*
success story – *Erfolgsgeschichte*

successful *erfolgreich*

suffering *Leid*

sugarcane *Zuckerrohr*

superpower *Supermacht*

swearing-in *Vereidigung*

symbol *Symbol*

symbolize *symbolisieren*

tax *Steuer*
to pay taxes – *Steuern zahlen*

unemployment *Arbeitslosigkeit*
low unemployment – *niedrige Arbeitslosigkeit*

Union *Union (Vereinigte Staaten von Amerika)*

unique *einzigartig*

unity *Einheit*

upright *anständig, rechtschaffen*

US (= United States) *US*

value *Wert*

violence *Gewalt*

violent *gewalttätig*

visa *Visum*
temporary visa – *befristetes Visum*

wage *Gehalt*

wagon train *Planwagenzug*

war *Krieg*
Indian Wars – *Indianerkriege*

wealth *Reichtum*

welcome[1] *Empfang; Willkommen*

welcome[2] *empfangen; willkommen heißen*

The American Dream

welfare *Sozialhilfe*
to claim welfare – *Sozialhilfe empfangen*

white *weiß*

Wild West *Wilder Westen*

wish *Wunsch*

work¹ *Arbeit*
hard work – *harte Arbeit*

work² *arbeiten*
to work legally – *legal arbeiten*

work permit *Arbeitserlaubnis*

workforce *Belegschaft*

wrong *Unrecht*
to right a wrong – *etw wiedergutmachen*

Yankee *Yankee; Nordstaatler(in)*

Thematische Wortschätze

ability *Fähigkeit*
abort *abbrechen*
abortion *Abtreibung*
spontaneous abortion – *Abort, Fehlgeburt*
access¹ *Zugang*
internet access – *Internetzugang*
to give sb access to sth – *jdm Zugang zu etw gewähren*
access² *zugreifen auf*
achievement *Leistung*
scientific achievements – *wissenschaftliche Errungenschaften*
advance *Fortschritt*
technological advance – *technologische Fortschritte*
age *Zeitalter*
ageing *Altern, Alterung*
AI (= artificial intelligence) *künstliche Intelligenz*
alien *Außerirdische(r)*
allergic *allergisch*
to be allergic to sth – *allergisch auf etw sein*
allergy *Allergie*
alter *verändern*
analyse *analysieren*
animal testing *Tierversuch(e)*
argument *Argument*
arguments for/against sth – *Argumente für / gegen etw*
assess *beurteilen*

balance of nature *Gleichgewicht der Natur*
ban *Verbot*
beneficial *positiv*
beneficial effect – *Nutzen; positive Auswirkung*
benefit *Vorteil, Nutzen*
biochemist *Biochemiker(in)*
biometric *biometrisch*
biometric passport – *biometrischer Pass*
biometrics *Biometrie*
biotech *Biotech-*
biotechnology *Biotechnologie*

birth defect *Geburtsfehler*
bleeding-edge technology *Bleeding-Edge-Technologie (neuste Technologie, noch im Versuchsstadium)*
bomb *Bombe*
breakthrough *Durchbruch*
to achieve a technological breakthrough – *einen technologischen Durchbruch schaffen*
broadband *Breitband*

catastrophe *Katastrophe*
cell (phone) (AM) *Handy*
change¹ *Veränderung*
change² *verändern*
clone¹ *Klon*
clone² *klonen*
cloning *Klonen*
human reproductive cloning – *Klonen von Menschen*
code *Code*
genetic code – *genetischer Code*
commercial *kommerziell*
commercialization *Kommerzialisierung*
compatibility *Kompatabilität, Vereinbarkeit*
compatible *kompatibel, vereinbar*
complex *komplex*
concern *Bedenken*
to raise a concern – *Bedenken äußern*
connectivity *Konnektivität, Netzwerkfähigkeit*
consumer *Verbraucher(in)*
controversial *kontrovers*
controversial issue – *umstrittenes Thema*
controversy *Kontroverse*
create *schaffen, kreieren*
crop *Ernte; Feldfrucht*
cure¹ *Heilmittel*
cure² *heilen*
to cure sb of a disease – *jdn von einer Krankheit heilen*
cutting-edge *Spitzen-*
cutting-edge technology – *Spitzentechnologie*

Visions of the future

danger *Gefahr*
data *Daten*
deadly *tödlich*
decipher *entziffern*
decode *dekodieren*
defective gene *fehlerhaftes Gen*
deficiency *Mangel*
degenerative *degenerativ*
degenerative illness – *degenerative Krankheit*
design¹ *Design*
design² *entwerfen, gestalten*
designer *Designer-*
designer baby *Designerbaby*
desirable *erstrebenswert*
determine *bestimmen*
develop *entwickeln*
developer *Entwickler(in)*
development *Entwicklung*
the latest developments in ... – *die neusten Entwicklungen des/der ...*
digital *digital*
digitalize *digitalisieren*
discover *entdecken*
discovery *Entdeckung*
disease *Krankheit*
incurable disease – *unheilbare Krankheit*
to contract a disease – *eine Krankheit bekommen*
inherited disease – *Erbkrankheit*
DNA (= deoxyribonucleic acid) *DNS*
DNA fingerprinting – *Erstellen eines genetischen Fingerabdrucks*
drug *Medikament*
DSL (= digital subscriber line) *DSL*
DVD (= digital versatile disc) *DVD*
dystopia *Dystopie*

effect *Wirkung*
efficient *effizient*
embryo *Embryo*
embryonic *embryonal*
empirical *empirisch*
engineer *Ingenieur(in)*
enhance *verbessern*
enhanced *verbessert*
eradicate *ausrotten*
ethical *ethisch*
ethics *Ethik*
evidence *Beweis(e)*
evolution *Evolution*
experiment *Experiment, Versuch*
to conduct an experiment – *ein Experiment durchführen*
experimentation *Experimentieren*
exploration *Erforschung*
space exploration – *Raumforschung*
explore *erforschen*
extinct *ausgerottet*

find out *herausfinden*
firewall *Firewall*
foetal *fötal, Fötus-*
food chain *Nahrungskette*
forefront *Spitze*
in the forefront of ... – *an der Spitze des/der ...*
format *Format*
future *Zukunft*
futuristic *futuristisch*
futurologist *Futurologe (Futurologin)*

gadget *Gerät*
gene *Gen*
gene therapy – *Gentherapie*
gene mapping – *genetische Kartierung*
generate *generieren, erzeugen*
genetic *Gen-, genetisch*
genetic fingerprint – *genetischer Fingerabdruck*
genetic disorder – *genetische Störung*
genetic defect – *genetischer Defekt*
genetic test – *Gentest*
genetic engineering *Gentechnik*
geneticist *Genetiker(in)*
genetics *Genetik*
genome *Genom*
GM (= genetically modified) *genmanipuliert*

Thematische Wortschätze

groundwater *Grundwasser*
guide *führen*

H
hacker *Hacker(in)*
harm *schaden*
harmful *schädlich*
hazard *Gefahr, Risiko*
HDTV (= high definition television) *HDTV*
heal *heilen*
hereditary *Erb-*
heredity *Vererbung*
high-speed *Hochgeschwindigkeits-*
hotspot *drahtloser Internetzugangspunkt*
hybrid *Hybrid*
hydrogen *Wasserstoff*
hydrogen fuel cell – *Brennstoffzelle*
hype *Rummel, Publicity*

I
identity theft *Identitätsdiebstahl*
impact *Auswirkung*
implant¹ *Implantat*
implant² *implantieren*
implication *Folge; Auswirkung*
improve *verbessern*
increase *steigern, erhöhen*
infertile *unfruchtbar*
infinite *unendlich*
infinity *Unendlichkeit*
influence *beeinflussen*
inherit *erben*
intelligent *intelligent*
internet *Internet*
intricate *aufwändig, komplex*
invent *erfinden*
invention *Erfindung*
inventor *Erfinder(in)*
IT (= information technology) *IT*
IVF (= in vitro fertilization) *künstliche Befruchtung*

K
keyhole surgery *minimalinvasive Chirurgie*

L
laboratory *Labor*
laser *Laser*
leap *Sprung*
in leaps and bounds – *sprunghaft*
life *Leben*
longevity *Langlebigkeit*
long-term *langfristig*
long-term effect – *langfristige Auswirkungen*
look into *untersuchen, prüfen*

M
major *bedeutend*
malformation *Missbildung*
malware *Malware (Computerprogramm mit offener oder verdeckter Schadfunktion)*
manipulate *manipulieren*
mankind *Menschheit*
manned *bemannt*
map (hier:) *erfassen, kartieren*
mapping (hier:) *Kartierung*
medicine *Medizin; Medikament*
microelectronics *Mikroelektronik*
microsurgery *Mikrochirurgie*
military¹ *Militär*
military² *militärisch, Militär-*
minor *gering*
misuse *missbrauchen*
mobile (phone) (BRIT) *Handy*
mobility *Beweglichkeit, Mobilität*
modern *modern*
modify *modifizieren*
to modify sth genetically – *etw genetisch modifizieren*
moral *moralisch*
mortality *Sterblichkeit*
mp3 *MP3*
mutate *mutieren*
mutation *Mutation*

Visions of the future

N

net *Internet*
on the net – *im Netz*
netizen *Internetbenutzer(in) (oft in gesellschaftlich verantwortungsvollen Foren engagiert)*
nuclear *Kern-, Atom-*
nuclear power – *Atomkraft*

O

obsolete *obsolet, überholt*
organ *Organ*
organ transplant – *Organtransplantation*
organ donor – *Organspender(in)*
organism *Organismus*
owe *schulden*
to owe sb sth – *jdm etw schulden*

P

patent *Patent*
PDA (= personal digital assistant) *PDA*
phase *Phase*
physical *körperlich*
PID (= preimplantation diagnostics) *Präimplantationsdiagnostik*
possible *möglich*
possibility *Möglichkeit*
potential *Potenzial*
predisposition *Anfälligkeit; Neigung*
probability *Wahrscheinlichkeit*
probable *wahrscheinlich*
procedure *Verfahren, Prozedur*
process *Prozess*
program *Programm*
progress *Fortschritt*
prohibit *verbieten*
pros and cons *Für und Wider*
protect *schützen*
protection *Schutz*
protection against – *Schutz vor*
prototype *Prototyp*

R

reduce *verringern*
regulate *regulieren*
regulation *Vorschrift*
strict regulations – *strenge Vorschriften*
release *herausbringen*
to release sth onto the market – *etw auf den Markt bringen*
religious *religiös*
remote *Fern-*
remotely *aus der Ferne*
to operate on patients remotely – *Patienten fernoperieren*
reproductive technology *Reproduktionstechnologie*
research[1] *Forschung*
research[2] *forschen*
researcher *Forscher(in)*
resistance *Widerstand*
resistance to – *Widerstand gegen*
result[1] *Resultat, Ergebnis*
result[2] *resultieren*
to result in sth – *zu etw führen*
retina(l) scan *Irisscan*
revolution *Revolution*
revolutionize *revolutionieren*
robot *Roboter*
robotics *Robotertechnik*
rocket *Rakete*
router *Router*

S

safeguard *Schutz(vorrichtung); Vorsichtsmaßnahme*
safety *Sicherheit*
sample *Probe*
satellite *Satellit*
satellite technology – *Satellitentechnologie*
satnav *Satellitennavigationsgerät*
science *Wissenschaft*
science fiction *Sciencefiction*
scientific *wissenschaftlich*
scientist *Wissenschaftler(in)*

Thematische Wortschätze

screen *untersuchen*
to screen sb for cancer – *jdn untersuchen, ob er/sie an Krebs erkrankt ist*
security *Sicherheit*
selective breeding *Zuchtwahl*
sequence *Sequenz*
serious *ernst*
side effect *Nebenwirkung*
minor/serious side effects – *geringe/ernste Nebenwirkungen*
simulate *simulieren*
simulation *Simulation*
social engineering *Social Engineering (Versuch, persönliche Daten eines Computersystems durch Täuschung zu erhalten, oft über das Internet)*
social networking *Social Networking (das Nutzen von Internetplattformen, wie z. B. Facebook®, um ein soziales Netzwerk gleichgesinnter Menschen aufzubauen)*
sophisticated *hoch entwickelt*
space *Weltraum*
space probe *Raumsonde*
space shuttle *Weltraumfähre*
space station *Weltraumstation*
species *Spezies, Art*
to cross species – *Tier-/Pflanzenarten kreuzen*
spread¹ *Verbreitung*
spread² *ausbreiten*
state-of-the-art *auf dem neusten Stand der Technik*
stem from *zurückzuführen auf*
to stem from sth – *auf etw zurückzuführen sein*
stem cell *Stammzelle*
stem cell research – *Stammzellenforschung*
embryonic stem cell – *embryonale Stammzelle*
strain *Stamm*
a new strain of bacteria – *ein neuer Bakterienstamm*
substance *Substanz*
supervise *beaufsichtigen*
surroundings *Umgebung*
symptom *Symptom*
synthetic *synthetisch*

technological *technologisch*
technology *Technologie*
outdated technology – *überholte Technologie*
test *Test*
test-tube baby *Retortenbaby*
therapeutic *therapeutisch*
toxin *Toxin, Giftstoff*
trailblazer *Wegbereiter(in)*
transform *verwandeln*
transgenic *transgen*
transplant¹ *Transplantation*
transplant² *transplantieren*
treatment *Behandlung*
triumph *Triumph*
TV (= television) *Fernsehen*

ultimate *ultimativ; eigentlich*
ultra *ultra-*
ultra high-speed – *Ultrahochgeschwindigkeits-*
uncontrolled *unkontrolliert*
understand *verstehen*
universe *Universum*
unmanned *unbemannt*
upset *durcheinanderbringen*
utopia *Utopie*

virtual *virtuell*
virtual reality *virtuelle Realität*
virus *Virus*
vision *Vision*
voice recognition *Spracherkennung*
vulnerable *anfällig*
vulnerable to – *anfällig für*

W

warfare *Kriegsführung*
bio-warfare – *biologische Kriegsführung*
chemical warfare – *chemische Kriegsführung*
nuclear warfare – *Atomkrieg*
watchdog *Regulierungsbehörde*
wireless *drahtlos*
wireless communication – *drahtlose Kommunikation*
wireless connection – *drahtlose Verbindung*

Visions of the future

witness[1] *Zeuge, Zeugin*
to be a witness to sth – *Zeuge einer Sache werden*

witness[2] *bestätigen; Zeuge sein*

WMD (= weapons of mass destruction) *Massenvernichtungswaffen*

worm *Wurm*

 **yield** *Ernte*

Thematische Wortschätze

A

act[1] *Akt*
act[2] *(schau)spielen*
action *Handlung; Action*
action film *Actionfilm*
actor *Schauspieler(in)*
  leading actor – *Hauptdarsteller(in)*
  supporting actor – *Nebendarsteller(in)*
actress *Schauspielerin*
ad(vert) (BRIT) *Anzeige, Reklame*
advertising *Werbung; Werbebranche*
agony aunt *Kummerkastentante*
album *Album*
ambition *Ehrgeiz*
ambitious *ehrgeizig*
anchor(man), -woman *Moderator(in)*
animation *Animation*
appeal *ansprechen*
  to appeal to a wide audience – *ein breites Publikum ansprechen*
applause *Applaus, Beifall*
architect *Architekt(in)*
architecture *Architektur*
arena *Arena*
art *Kunst*
  contemporary art – *zeitgenössische Kunst*
  modern art – *moderne Kunst*
  performance art – *Performance*
article *Artikel*
artist *Künstler(in)*
arts *Kunst*
  graphic arts – *Grafik*
  performing arts – *darstellende Künste*
audience *Zuschauer, Publikum*
audition[1] *Vorsprechen, Vorsingen, Vorspielen*
audition[2] *vorsprechen, vorsingen, vorspielen*
  to audition for the part of ... – *für die Rolle des/der ... vorsprechen*
auditorium *Saal*
authentic *authentisch*
authenticate *für echt befinden*
  to authenticate a painting – *die Echtheit eines Gemäldes bescheinigen*
autograph *Autogramm*
award *Preis*
  award ceremony – *Preisverleihung*
  film/music award – *Film-/Musikpreis*
award-winning *ausgezeichnet*
  multiple award-winning actress – *mehrfach ausgezeichnete Schauspielerin*

B

BAFTA (= British Academy of Film and Television Arts) *britische Film- und Fernsehakademie*
ballet *Ballett*
  ballet dancer – *Balletttänzer(in)*
band *Band*
be set in *spielen in*
biased *voreingenommen*
blockbuster *Kassenschlager, Kinohit*
blog *Blog (Internettagebuch)*
blogger *Blogger(in)*
Bollywood *in Bombay angesiedelte Unterhaltungsfilmindustrie*
boo *buhen*
  to boo sb – *jdn ausbuhen*
box *(fam) Glotze (fam)*
  to be on the box – *in der Glotze laufen*
box office *Kasse*
  box-office success – *Kassenschlager*
boy band *Boygroup*
broadcast[1] *Sendung*
broadcast[2] *senden*
broadcaster *Moderator(in); Sprecher(in)*
broadcasting company *Rundfunk- / Fernsehanstalt*
broadsheet *seriöse Zeitung*
Broadway (AM) *Broadway (New Yorker Theaterviertel)*
bronze *Bronze; Bronzemedaille*
budget *Budget*
burglary *Diebstahl*

Arts, culture and the media

burgle *einbrechen*
the museum was burgled – *im Museum wurde eingebrochen*
burglar *Einbrecher(in), Dieb(in)*

cabaret *Kabarett; Varietee*
call-in *Sendung, bei der sich das Publikum telefonisch beteiligen kann*
camera *Kamera*
camera angle *Kameraperspektive*
canvas *Leinwand*
caricature *Karikatur*
cartoon *Cartoon*
cast[1] *Besetzung*
cast[2] *besetzen*
to cast a role – *eine Rolle besetzen*
casting *Casting*
casting show *Castingshow*
cellist *Cellist(in)*
censor[1] *Zensor(in)*
censor[2] *zensieren*
censorship *Zensur*
certificate *Altersfreigabe*
champion *Meister(in)*
world champion – *Weltmeister(in)*
championship *Meisterschaft*
world championship – *Weltmeisterschaft*
channel *Programm, Kanal*
channel hopping – *Zappen*
character *Figur*
charts *Charts*
to be in the charts – *in den Charts sein*
child prodigy *Wunderkind*
choir *Chor*
choral *Chor-*
choreograph *choreografieren*
choreographer *Choreograf(in)*
choreography *Choreografie*
chorus *Refrain*
cineast *Kinoliebhaber(in); Cineast(in)*
cinema *Kino*

cinematographer *Kinematograf(in)*
cinematography *Kinematografie*
cinephile *Filmliebhaber(in)*
circulation (figures) *Auflage*
circus *Zirkus*
clap *klatschen*
classical music *klassische Musik*
classified ad *Kleinanzeige*
cliffhanger *Folge einer Serie, oft am Ende einer Staffel, die in einem sehr spannenden Moment endet*
collection *(Kunst)sammlung*
column *Kolumne*
comedian *Komiker(in)*
comedy *Komödie*
romantic comedy – *romantische Komödie*
commercial[1] (AM) *Werbespot*
commercial[2] *kommerziell*
commission *in Auftrag geben*
company *Schauspieltruppe*
compose *komponieren*
composer *Komponist(in)*
concert *Konzert*
concerto *Konzert*
conductor *Dirigent(in)*
contest *Wettbewerb, Wettkampf*
controversial *umstritten*
controversy *Kontroverse*
to cause controversy – *eine Kontroverse auslösen*
correspondent *Korrespondent(in)*
foreign/war correspondent – *Auslands-/Kriegskorrespondent(in)*
costume *Kostüm*
costume designer *Kostümbildner(in)*
country (music) *Countrymusic*
cover *berichten über*
to cover sth – *über etw berichten*
coverage *Berichterstattung*
in-depth coverage – *gründliche Berichterstattung*
live coverage – *Liveberichterstattung*

189

Thematische Wortschätze

credits *Abspann*
crew *Filmteam*
critic *Kritiker(in)*
art/film critic – *Kunst-/Filmkritiker(in)*
cue *Stichwort*
to miss one's cue – *sein Stichwort verpassen*
cult *Kult*
to be cult – *kult sein*
culture *Kultur*
cup *Pokal*
to win the cup – *den Pokal gewinnen*
current affairs *Tagesgeschehen*
current affairs programme – *Nachrichtenmagazin*
curtain *Vorhang*
to lower/raise the curtain – *den Vorhang senken/heben*
curtain call *Vorhang*
to take a curtain call – *sich nach der Vorstellung vor dem Vorhang verbeugen*

D

daily *Tageszeitung*
dance *tanzen*
dancer *Tänzer(in)*
debut *Debüt*
debut album – *Debütalbum*
debut single – *Debütsingle*
dialogue *Dialog*
director *Regisseur(in)*
disturbing *(Szenen im Film) anstößig*
DJ (= disc jockey) *DJ*
documentary *Dokumentarfilm*
donate *spenden*
donation *Spende*
drama *Drama*
draw *zeichnen*
drawing *Zeichnung*
dressing room *Garderobe*
drummer *Schlagzeuger(in)*
dub *synchronisieren*
dubbed *synchronisiert*
duet *Duett*
DVD (= digital versatile disc) *DVD*

E

edit *redigieren; editieren*
editor *Redakteur(in)*
chief editor – *Chefredakteur(in)*
editorial *Leitartikel*
encore *Zugabe*
ensemble *Ensemble*
entrance *Eintritt*
free entrance – *freier Eintritt*
etching *Kupferstich; Radierung*
exhibit¹ *Ausstellungsstück*
exhibit² *ausstellen*
exhibition *Ausstellung*
expert *Experte, Expertin*
explicit *explizit, eindeutig*
sexually explicit – *(hier:) nicht jugendfrei*
extra *Statist(in)*
e-zine *Ezine (Onlinemagazin)*

F

fake *Fälschung*
fan *Fan*
fandom *Fangemeinde*
feature *Beitrag*
feature film *Spielfilm*
festival *Festival*
film festival – *Filmfestspiele*
film¹ *Film*
animated film – *Zeichentrickfilm*
silent film – *Stummfilm*
black and white film – *Schwarzweißfilm*
film² *verfilmen; drehen*
film company *Filmgesellschaft*
film editor *Cutter(in)*
film set *Set*
film star *Filmstar*
finale *Finale (letzte Folge einer Serie oder einer Staffel einer Serie)*
fine arts *schöne Künste*
flashback *Rückblende*
flat screen *Flachbildschirm*
Fleet Street *die britische Presse (Straße in London, früher die Heimat vieler Zeitungen und Nachrichtenagenturen)*

Arts, culture and the media

flop (fam) Flop (fam)
fluff (fam) verpatzen (fam)
to fluff one's lines – seinen Text vermasseln
following Anhänger
to have a large following – viele Anhänger haben
forge fälschen
forger Fälscher(in)
forgery Fälschung
front page Titelseite
to be front page news – auf die Titelseite kommen, Schlagzeilen machen
funding Mittel, Gelder
arts funding – Kulturmittel

gaffer Chefelektriker(in)
gallery Galerie
game Spiel
game show Spielshow
genius Genie
genuine echt
gifted begabt
gig (fam) Gig
girl group Girlband
gold Gold; Goldmedaille
gossip column Klatschspalte
group Gruppe
groupie Groupie
guided tour Führung
guitarist Gitarrist(in)
gutter press Boulevardpresse

harpist Harfenist(in)
headline Schlagzeile
heavy metal Heavy Metal
heist (fam) Raubüberfall
hit Hit (fam)
Hollywood Hollywood
hooked (fam) süchtig
to be hooked on sth – nach etw süchtig sein
host Showmaster
quiz show host – Quizmaster

I

impartial unvoreingenommen
improvisation Improvisation
improvise improvisieren
indie Indie-
instrument Instrument
stringed instrument – Streichinstrument
wind instrument – Blasinstrument
brass instrument – Blechinstrument
to play an instrument – ein Instrument spielen
insurance Versicherung
interactive interaktiv
internet Internet
interval Pause

J

jazz Jazz
journal Zeitschrift
journalist Journalist(in)
freelance journalist – freier Journalist

L

label (Platten)label
landscape Landschaft
language Sprache
offensive language – Anstoß erregende Sprache
leading article Leitartikel
letter to the editor Leserbrief
licence fee Rundfunkgebühr
lighting Beleuchtung
lines Text
listener Zuhörer(in)
listings Veranstaltungskalender
TV listings – Fernsehprogramm
literature Literatur
live Live-
live music – Livemusik
live concert – Livekonzert
location Drehort
on location – an Originalschauplätzen; bei Außenaufnahmen
love interest Figur in einem Film, in die sich eine andere Figur verliebt
love story Liebesgeschichte
low-budget Low-Budget-
lyrics (Lied)text

Thematische Wortschätze

M

magazine *Zeitschrift*
magic¹ *Magie*
magic² *magisch*
magician , *Zauberer (Zauberin)*
major *Dur*
A major – *A-Dur*
marble *Marmor*
masterpiece *Meisterwerk*
match *Spiel*
medal *Medaille*
medallist *Medaillengewinner(in)*
to be a gold/silver medallist – *die Gold-/ Silbermedaille gewonnen haben*
media *Medien*
medium *Medium*
message *Botschaft*
minor *Moll*
A minor – *A-Moll*
monthly *Monatszeitschrift*
motion picture *Film*
movement (MUS) *Satz*
first/second movement – *erster/zweiter Satz*
movie *Film*
movie-goer *Kinobesucher(in)*
museum *Museum*
music *Musik*
to make music – *Musik machen*
musical *Musical*
musician *Musiker(in)*

N

network (AM) *Network (Senderkette, bei der zahlreiche lokale Partnersender von einer Zentrale aus mit einem Fernseh- bzw. Radioprogramm beliefert werden)*
news *Nachrichten*
news flash – *Kurzmeldung*
news bulletin *Kurznachrichten*
newspaper *Zeitung*
national newspaper – *überregionale Zeitung*
local newspaper – *Lokalzeitung*
nominate *nominieren*
to be nominated for an award – *für einen Preis nominiert sein*
nominee *Nominierte(r)*
nude *Akt(zeichnung)*
number one *Nummer/Platz Eins*
to go to number one – *auf Platz Eins der Charts landen*
to be number one – *auf Platz Eins stehen*

O

obituary *Nachruf*
objective *objektiv*
obscene *obszön*
oil *Öl; Ölgemälde*
online *online*
opening (hier:) *Vernissage*
opening credits *Vorspann*
opening night *Premiere*
opera *Oper*
opera house *Opernhaus*
opera singer *Opernsänger(in)*
opinion *Meinung*
orchestra *Orchester*
chamber orchestra – *Kammerorchester*
string orchestra – *Streichorchester*
Oscar *Oscar*
to win an Oscar – *einen Oscar gewinnen*
and the Oscar goes to ... – *und der Oscar geht an ...*

P

page three girl (BRIT) *Fotomodell, das oben ohne auf der dritten Seite einiger britischer Boulevardzeitungen abgebildet ist*
paint *malen*
painter *Maler(in)*
painting *Gemälde*
pap (fam) *fotografieren*
to get papped – *von Paparazzi fotografiert werden*
paparazzi *Paparazzi*
paper *Zeitung*
part *Rolle*
patron *Schirmherr(in)*
patron of the arts – *Mäzen(in) der schönen Künste*

Arts, culture and the media

perform *vorführen, aufführen*
performance *Vorführung, Aufführung*
performer *Künstler(in)*
periodical *Zeitschrift*
photograher *Fotograf(in)*
photograph *Foto(grafie), Bild*
photography *Fotografie*
pianist *Pianist(in)*
piracy *Piraterie*
plasma screen *Plasmabildschirm*
platinum *Platin*
to go platinum – *Platin bekommen*
play *Theaterstück*
playwright *Stückeschreiber(in), Dramatiker(in)*
plot *Handlung*
poem *Gedicht*
poet *Dichter(in)*
poetry *Dichtung, Lyrik*
pop (music) *Popmusik*
popular *beliebt, populär*
pop(ular) culture *Popkultur*
porn *(fam) Pornografie*
pornographic *pornografisch*
pornography *Pornografie*
portrait *Portrait*
premiere *Premiere; Uraufführung*
press *Presse*
preview *Vorpremiere; Vernissage*
prime time *Primetime*
prize *Preis*
produce *produzieren*
production *Produktion; Inszenierung*
programme *Sendung; Programm*
prompt[1] *Stichwort; Souffleur, -euse*
prompt[2] *soufflieren*
to prompt sb – *jdm sein Stichwort geben*
prompter *Souffleur, -euse*
prop *Requisit*
public radio *öffentlichrechtlicher Rundfunk*

Q

publish *veröffentlichen, herausgeben*
publisher *Herausgeber(in)*
quality newspaper *seriöse Zeitung*
quartet *Quartett*
string quartet – *Streichquartett*
quiz show *Quizshow*

R

radio *Radio*
to listen to the radio – *Radio hören*
rating *Altersfreigabe*
ratings *Einschaltquoten*
readership *Leserschaft*
reality TV *Realityfernsehen*
record[1] *Schallplatte; Rekord*
to break a record – *ein Rekord brechen*
record[2] *aufnehmen*
record company *Plattenfirma*
recording *Aufnahme*
rehearsal *Probe*
dress rehearsal – *Generalprobe*
rehearse *proben*
release[1] *Neuerscheinung; neuer Film*
to be on general release from Friday – *ab kommenden Freitag in den Kinos laufen*
release[2] *herausbringen*
to release a film/CD – *einen Film/eine CD herausbringen*
to release sth on DVD – *etw auf DVD herausbringen*
rent *ausleihen*
to rent a film – *einen Film ausleihen*
repeat[1] *Wiederholung*
repeat[2] *wiederholen*
repertoire *Repertoire*
replica *Reproduktion, Kopie*
report[1] *Bericht*
report[2] *berichten*
reporter *Reporter(in)*
reporting *Berichterstattung*
review *Kritik, Rezension*
favourable/rave review – *positive/glänzende Kritik*
to write a review – *eine Rezension schreiben*

Thematische Wortschätze

rock (music) *Rockmusik*
role *Rolle*
leading role – *Hauptrolle*
supporting role – *Nebenrolle*
royalties *Lizenzen, Tantiemen*

S

satellite dish *Satellitenschüssel*
scene *Szene*
behind the scenes – *hinter den Kulissen*
scenery *Bühnenbild, Kulisse*
schedule *Programm*
to be on schedule – *im Zeitplan liegen*
to be behind/ahead of schedule – *im Rückstand liegen/dem Zeitplan voraus sein*
screen[1] *Leinwand; Bildschirm*
silver screen – *die Leinwand*
small screen – *das Fernsehen*
screen[2] *vorführen; senden*
screening *Vorführung; Ausstrahlung*
screenplay *Drehbuch*
screenwriter *Drehbuchautor(in)*
script *Drehbuch*
sculptor *Bildhauer(in)*
sculpture *Skulptur; Bildhauerei*
season *(hier:) Staffel*
Secretary of State (BRIT) *Minister(in)*
Secretary of State for Culture, Media and Sport – *Kulturminister(in)*
section *Gruppe*
string section – *die Streicher*
brass section – *die Blechbläser*
wind section – *die Blasinstrumente*
sensationalist *reißerisch*
series *Serie; Staffel*
set *Drehort; Set*
on set – *am Set*
sex *Sex*
sex scene – *Sexszene*
shoot *drehen*
to shoot a film – *einen Film drehen*
short *Kurzfilm*
shot *(Kamera)einstellung*

show[1] *Show; Ausstellung*
show[2] *laufen; ausstellen*
now showing at a cinema near you – *jetzt im Kino*
sign *(hier:) verpflichten*
to sign sb (up) – *jdn unter Vertrag nehmen*
silver *Silber; Silbermedaille*
singer *Sänger(in)*
single *Single*
sitcom *Sitcom*
sketch[1] *Skizze; Sketch*
sketch[2] *skizzieren*
soap (opera) *Soap, Seifenoper*
sold out *ausverkauft*
solo *Solo*
to play a solo – *ein Solo spielen*
for solo clarinet – *für Soloklarinette*
soloist *Solist(in)*
soundtrack *Filmmusik*
spectator *Zuschauer(in)*
speech *Rede*
thank you speech – *Dankesrede*
sponsor *Sponsor(in)*
sport(s) *Sport*
to play sports – *Sport treiben*
sportsman, -woman *Sportler(in)*
stage[1] *Bühne*
stage[2] *aufführen; geben*
to stage a play – *ein Stück aufführen*
to stage a concert – *ein Konzert geben*
stage door *Bühneneingang*
standard *Standard, Maßstab*
ethical standard – *ethische Maßstäbe*
star *Star*
starlet *Starlet, Filmsternchen*
statue *Statue; Denkmal*
story *Geschichte*
street performer *Straßenkünstler(in)*
strings *die Streicher*
studio *Studio*
film/TV studio – *Film-/Fernsehstudio*
studio guest – *Studiogast*

Arts, culture and the media

subject *Thema*
subsidy *Subvention, Zuschuss*
subtitle *Untertitel*
success *Erfolg*
successful *erfolgreich*
supplement *Beilage*
suspense *Spannung*
symphony *Symphonie*

tabloid *Boulevardblatt*
take *(hier:) Einstellung, Take*
talent *Talent, Begabung*
talent show *Talentshow*
talented *begabt*
talk show *Talkshow*
tank *(fam) floppen (fam)*
teaser *Teaser (Teil eines Films oder Fernsehspiels, der vor dem Vorspann gezeigt wird und die Zuschauer auf die Geschichte neugierig machen soll)*
technician *Techniker(in)*
technique *Technik*
techno *Techno*
television *Fernsehen; Fernsehapparat*
to watch television – *fernsehen*
satellite television – *Satellitenfernsehen*
cable television – *Kabelfernsehen*
commercial television – *Privatfernsehen*
theatre *Theater*
theatre company *Theaterensemble*
theatre-goer *Theaterbesucher(in)*
theme song *Titelmusik*
thriller *Thriller*
tour *Tour*
to be/go on tour – *auf Tour sein/gehen*
track *Track*
trailer *Vorschau*
transmission *Übertragung*
transmit *übertragen*
trumpeter *Trompeter(in)*

tune in *einschalten*
tune in again next week – *schalten Sie auch nächste Woche wieder ein*
turntablist *DJ*
TV (= television) *Fernsehen*
pay TV – *Pay-TV*

unplugged *unplugged*

viewer *Zuschauer(in)*
violence *Gewalt*
gratuitous violence – *sinnlose Gewalt*
violinst *Violinist(in)*
virtuoso *Virtuose (Virtuosin)*
vision *Vision*
VJ (= video jockey) *VJ*
vocalist *Sänger(in)*

watercolour *Aquarellfarbe; Aquarell*
weekly *Wochenzeitung*
West End (BRIT) *Londoner Theaterviertel*
wide-screen *Breitbild(format); Breitbildschirm*
wings *die Kulissen*
in the wings – *hinter den Kulissen*
wood *Holz*
work *Werk*
work of art – *Kunstwerk*
world music *Weltmusik*
writer *Schriftsteller(in)*

zap *zappen*
zapping *Zappen*

Thematische Wortschätze

A
act¹ *Akt*
act² *spielen*
acting company *Schauspieltruppe*
actor *Schauspieler(in)*
actress *Schauspielerin*
address *ansprechen*
address sth to sb – *etw an jdn richten*
adultery *Ehebruch*
affection *Zuneigung*
affection for sb – *Zuneigung zu jdm*
allegorical *allegorisch*
allegory *Allegorie*
alliteration *Alliteration*
ambition *Ehrgeiz*
amusement *Belustigung, Vergnügen; Unterhaltung*
assonance *Assonanz*
audience *Publikum, die Zuschauer*

B
banish *verbannen*
bard *Barde*
The Bard – *Shakespeare*
base *basieren*
to be (loosely) based on – *(lose) auf etw basieren*
battle *Schlacht, Kampf*
bawdiness *Derbheit*
bawdy *derb*
blank verse *Blankvers*

C
character *Figur; Rolle*
characterization *Beschreibung; Charakterisierung*
chorus *Chorus*
coin *(hier:) erfinden; prägen*
coinage *Neuschöpfung*
collaborate *zusammenarbeiten*
collaboration *Zusammenarbeit*
comedy *Komödie*
comedy of errors – *Verwechslungskomödie*
comic *komisch, lustig*

comic relief *Spannungsabbau durch komische Elemente*
to provide comic relief – *Entspannung durch komische Elemente bieten*
common man *Normalbürger; der kleine Mann*
conflict *Konflikt*
contradiction *Widerspruch*
convey *vermitteln, ausdrücken*
court *Hof*
crime *Verbrechen*

D
death *Tod*
deceive *täuschen*
deception *Täuschung*
deliverance *Erlösung*
deliverance from – *Erlösung von*
demise *Ableben*
destroy *zerstören*
dilemma *Dilemma*
moral dilemma – *moralisches Dilemma*
drama *Drama*
dramatic *dramatisch*
dramatic effect *dramatische Wirkung*
dramatic irony *tragische Ironie*
dramatist *Dramatiker(in)*

early *früh*
elaborate *raffiniert, kunstvoll; kompliziert, komplex*
Elizabethan *elisabethanisch*
eloquent *sprachgewandt*
enrich *bereichern*
to enrich the English language – *die englische Sprache bereichern*
entanglement *Verwicklung*
romantic entanglement – *Liebesverwicklungen*
error of judgment *Fehleinschätzung*

failure *Scheitern*
farce *Farce, Schwank*
farcical *possenhaft, absurd*
fascinate *faszinieren*

Shakespeare

fate *Schicksal*
feud *Fehde*
feuding *verfeindet*
feuding families – *verfeindete Familien*
figurative *bildhaft*
film[1] *Film*
to make into a film – *verfilmen*
film[2] *verfilmen*
first edition *Erstausgabe*
flaw *Fehler, Makel*
forgive *vergeben*
forgiveness *Vergebung*
fortune *Schicksal; Glück, Fortuna*
friendship *Freundschaft*

G
genius *Genie*
Globe *elisabethanisches Theater in London, das v. a. durch Aufführungen von Shakespeares Stücken einen bedeutenden Platz in der Theatergeschichte einnimmt*
guilt *Schuld(gefühl)*

H
hero *Held*
tragic hero – *tragischer Held*
heroic *heldenhaft*
heroine *Heldin*
history *Geschichte*
history (play) *Historiendrama*
humorous *lustig, komisch*
humour *Humor*
hyperbole *Hyperbel*

iambic pentameter *fünffüßiger Jambus*
image *Bild*
imagery *bildliche Sprache*
immortal *unsterblich*
immortality *Unsterblichkeit*
impression *Eindruck*
infatuation *Verliebtheit, Vernarrtheit*
innocence *Unschuld*
innocent *unschuldig*

inspiration *Inspiration*
to be a source of inspiration – *jdn inspirieren*
inspire *inspirieren*
intrigue *Intrige*

J
jealousy *Eifersucht*

K
kill *töten*

L
language *Sprache*
richness of language – *Reichtum der Sprache*
late *spät*
leading role *Hauptrolle*
lie *Lüge*
life *Leben*
light-hearted *heiter, amüsant*
line *Zeile*
lines *Text*
linguistic device *Sprachmittel*
love *Liebe*
to fall in love – *sich verlieben*
romantic love – *romantische Liebe*
ill-fated love – *unglückliche Liebe (weil es kein glückliches Ende geben wird)*
love affair *Liebschaft*
lover *Geliebte(r); Liebhaber*
lovers – *Liebende*
lust *Begierde; (Sinnes)lust*
lyrical *lyrisch*

M
macabre *makaber*
masked ball *Maskenball*
medieval *mittelalterlich*
meditation *(hier:) Betrachtung*
memorable *denkwürdig, unvergesslich*
merrymaking *Lustbarkeit, Belustbarkeit*
metaphor *Metapher*
metre *Metrum*
Middle Ages *Mittelalter*
monologue *Monolog*

Thematische Wortschätze

mortal *sterblich*
mortality *Sterblichkeit*
murder *Mord*

N
narrative poem *Erzählgedicht, Ballade*
nobleman *Edelmann*

O
open *(hier:) Premiere haben; beginnen*

P
part *Rolle*
passion *Leidenschaft*
perform *aufführen; vorführen*
to perform a role/part – *eine Rolle spielen*
to perform before the Queen/King – *vor der Königin/dem König spielen*
performance *Aufführung*
period *Epoche*
personification *Personifizierung*
plague *Pest*
play *Theaterstück*
to write a play – *ein Stück schreiben*
Roman play – *Römerdrama*
play on words *Wortspiel*
playwright *Stückeschreiber(in), Dramatiker(in)*
plot *Handlung*
poem *Gedicht*
poet *Dichter(in)*
poetry *Lyrik, Dichtung*
popular *beliebt*
problem play *Problemstück*
produce *inszenieren*
to produce a play – *ein Stück inszenieren*
production *Inszenierung*
prologue *Prolog*
props *Requisiten*
protagonist *Protagonist(in)*
public *Öffentlichkeit*
in public – *in der Öffentlichkeit*
publish *veröffentlichen*
pun *Wortspiel*

Q
quarrel *Streit*
quatrain *Vierzeiler*
quotation *Zitat*

R
reconcile *versöhnen*
to become reconciled – *sich versöhnen*
reconciliation *Versöhnung*
rehearsal *Probe*
rehearse *proben*
reign *Herrschaft*
reign of terror – *Schreckensherrschaft*
repertoire *Repertoire*
repetition *Wiederholung*
respected *angesehen*
revenge *Rache*
to swear revenge – *Rache schwören*
to take revenge – *sich rächen*
rhetorical device *rhetorisches Stilmittel*
rhyme *Reim*
rhyme scheme *Reimschema*
rhyming couplet *Reimpaar*
rhythm *Rhythmus*
rival *Rivale, Rivalin*
rogue *Schurke*
role *Rolle*
romance *Romanze*
romantic *romantisch*
ruthless *rücksichtslos, schonungslos*

S
scene *Szene*
scenery *Bühnenbild*
scheming *Intrigenspiel*
script *(hier:) Text*
seduction *Verführung*
self-knowledge *Selbsterkenntnis*
Shakespearean *Shakespeare-*
simile *Gleichnis*
slapstick *Klamauk, Slapstick*
soliloquy *Monolog*
sonnet *Sonett*
speaker *Sprecher(in)*

Shakespeare

special effects *Special Effects*
spectacular *atemberaubend*
speech *Rede; Sprache*
stage *Bühne*
stanza *Strophe*
star-cross(e)d *zum Scheitern verurteilt*
star-crossed lovers – *Liebende, deren Liebe zum Scheitern verurteilt ist*
style *Stil*
stylistic device *Stilmittel*
subplot *Nebenhandlung*
suicide *Selbstmord*
suitor *Freier*
supporting role *Nebenrolle*
syllable *Silbe*
stressed/unstressed syllable – *betonte/ unbetonte Silbe*

T

talent *Begabung*
theatre *Theater*
theatre company *Theaterensemble, Schauspieltruppe*
theme *Thema, Motiv*
to explore a theme – *sich mit einem Thema beschäftigen*
to deal with a theme – *ein Thema behandeln*

tone *Ton*
tragedy *Tragödie*
tragic *tragisch*
tragicomedy *Tragikomödie*
Tudor *Tudor-*

U

uncontrolled *hemmungslos, zügellos*
unmasking *Entlarvung*

V

verse *Strophe*
to be written in verse – *in Versen geschrieben sein*
villain *Bösewicht*

W

wit *Witz*
witty *witzig; geistreich*
wordplay *Wortspiel*
work *Werk*
dramatic works – *Dramen*
write *schreiben, verfassen*
writer *Schriftsteller(in)*

V. Thematische Wortschätze – deutsches Glossar

Deutsches Glossar

A

Abbau 175
abbrechen 153, 186
Abendschule 154
Abfall 177
Abfallentsorgung 178
Abfallwirtschaft 178
Abfindung 171
Abgabe 167
Abgase 175, 176
Abgeordnete(r) 148
Abgesandte(r) 143
Abgeschobene(r) 153
abheben 172
Abholzung 175
Abitur 152
Abkommen 142, 150, 174
Ableben 200
ablehnen 147
Abnahme 175
Abrüstung 144
Absatz 171
abschaffen 142, 180
Abschaffung 160
Abschiebung 153, 181
Abspaltung 184
Abspann 194
abstammen 181
Abstammung 160, 181
Abstimmung 147
absurd 200
Abteilung 171
Abtreibung 152, 186
abwärts 167
Abwasser 178
abwerten 167
Abzuschiebende(r) 153
Action 192
Actionfilm 192
adoptieren 152
adoptiert 152
Adoption 152
Afrika 160
Afrikaner(in) 160
Afroamerikaner(in) 180

AG 170
Aggression 142, 160
aggressiv 160
Akt 192, 200
Aktie 171
Aktienindex 171
Aktienpreis 171
Aktionär(in) 171
Aktivist(in) 142, 174
Akt(zeichnung) 196
akut 176
Akzent 160
Akzeptanz 160
akzeptieren 160
Album 192
Alkoholiker(in) 152
Alkoholismus 152
Allegorie 200
allegorisch 200
Allergie 186
allergisch 186
Allianz 142
Alliteration 200
Alptraum 183
ältere(r) 154
Ältere(r) 161
Altern 186
alternative(r) 174
Altersfreigabe 193, 197
Alterung 186
Älteste(r) 161
Amerika 180
Amerikaner(in) 180
amerikanisch 180
Amerikanischer Ureinwohner 183
Amerikanische Ureinwohnerin 183
Amt 147
amtierend 145
Amtseinführung 145
Amtsenthebungsverfahren 145
Amtsinhaber(in) 145
Amtszeit 149
amüsant 201

Analphabet(in) 155
Analphabetismus 155
analysieren 186
Anarchie 142
anders 161
anerkennen 148
anfällig 190
Anfälligkeit 189
Anführer(in) 155
Angebot 169, 171
Angelegenheit 176
angesehen 202
angleichen 180
Angriff 142, 152
Angst 154
Anhänger 195
Anhänger(in) 149
Animation 192
ankommen 180
Ankunft 160, 180
annektieren 180
anonym 152
Anonymität 152
Anreiz 168
Anschlag 142
ansprechen 192, 200
anständig 184
ansteigen 176
Anstieg 176
anstößig 194
antiamerikanisch 180
Antiamerikanismus 180
antieuropäisch 160
Antrag 146
Anwalt 155
Anwältin 155
Anwesenheit 152
Anzeige 192
Applaus 192
Aquarell 199
Aquarellfarbe 199
Ära 181
Arbeit 162, 169, 172, 185
arbeiten 172, 185
Arbeiter(in) 172

Arbeitgeber 168
Arbeitnehmer(in) 167, 172
Arbeitserlaubnis 185
Arbeitskampfmaßnahmen 168
Arbeitskräfte 162, 169
arbeitslos 158, 164, 170, 172
Arbeitslosengeld 167
Arbeitslosigkeit 158, 164, 172, 184
Arbeitsniederlegung 172
Arbeitsplatzgarantie 169
Arbeitszeit 168
Architekt(in) 192
Architektur 192
Arena 192
Ärger 163
Argument 186
arm 162
Armut 156, 163, 170, 183
Art 178, 190
Artenvielfalt 174
Artikel 192
Asiate 160, 180
Asiatin 160, 180
Asien 160
asozial 152
Assonanz 200
Asyl 160
Asylbewerber(in) 152, 160
atemberaubend 203
Atmosphäre 174
Atomkraftwerk 177
attraktiv 180
aufdecken 150
auffallen 163
aufführen 197, 198, 202
Aufführung 197, 202
aufhalten 153
aufheben 142, 147

Deutsches Glossar

Auflage 193
auflösen 144
Aufnahme 197
aufnehmen 197
aufrechterhalten 178
Aufschwung 180
Aufstand 150
aufwachsen 154, 182
aufwändig 188
ausbeuten 161, 168
Ausbeutung 168
Ausbildung 166
ausbreiten 190
ausdrücken 200
Ausgaben 144
ausgerottet 187
ausgestorben 175
Ausgewiesene(r) 156
ausgezeichnet 192
auslagern 170
Ausländerfeindlichkeit 164
Ausländer(in) 160, 161, 180, 181
ausländisch 161
Auslands- 169
ausleihen 197
Auslieferung 167
Ausrichtung 142
ausrotten 168, 178, 187
ausschließen 181
Ausschreitungen 164
Ausschuss 143
Aussehen 160
Außenminister(in) 146, 149
Außenministerium 145
Außerirdische(r) 186
Aussicht 170
ausstellen 194, 198
Ausstellung 194, 198
Ausstellungsstück 194
Aussterben 175
Ausstrahlung 198
austrocknen 175

ausverkauft 198
auswandern 161, 181
ausweisen 153, 181
Ausweisung 161
Auswirkung 155, 188
Auszubildende(r) 166, 172
authentisch 192
autistisch 152
Autogramm 192
Autorität 152

B

Baisse 171
Ballade 202
Ballett 192
Balletttänzer(in) 192
Band 192
Bangladescher(in) 160
Bank 166
Bankkarte 166
bankrott 166
Barde 200
basieren 200
Basis 145
Baumwolle 180
Beamte(r) 143
Beamtin 143
beaufsichtigen 190
Bedenken 186
bedeutend 188
Bedingung 166
bedrohen 163, 175, 178
bedroht 175
Bedrohung 146, 150, 163
beeinflussen 162, 188
beerdigen 152
Beerdigung 154
befördern 170
Beförderung 170
befristet 171
Befürworter(in) 149
begabt 195, 199
Begabung 199, 203
begehen 153
Begierde 201
beginnen 202

Behandlung 190
behindert 153, 154
Behinderung 153, 167
Behörde 152
Beifall 192
Beihilfe 166
Beilage 199
Beitrag 167, 194
beitragen 160, 180
beitreten 155
Beitritt 142
Belästigung 161, 182
Belegschaft 171, 172, 185
Beleuchtung 195
beliebt 202
Belustigung 200
bemannt 188
Benehmen 152
Berater(in) 142, 166
Beratung 153
Beratungszentrum 157
berauben 181
berechtigt 144
bereichern 200
Bereitschaftspolizei 148
Bericht 197
berichten 197
Berichterstattung 193, 197
Beruf 166, 169, 170
beruflich 170
Besatzung 147
beschäftigen 167
beschäftigt 167
Beschäftigung 168
Beschimpfung 160
beschränken 163
Beschreibung 200
Beschwichtigung 142
besetzen 193
Besetzung 193
besiedeln 163, 184
Besprechung 169
Bestand 178
bestätigen 191

bestechen 142
Bestechung 142
bestimmen 187
bestimmt 161
Betrachtung 201
Betreuung 152
Betriebswirt(in) 167
Betriebswirtschaft 167
Betrug 154
beurteilen 186
Bevölkerung 156, 162, 183
bewaffnet 152
Bewährungshelfer(in) 156
Beweglichkeit 188
Beweis(e) 187
Bewerbung 166
Bewohner(in) 156, 184
Beziehung 156
Beziehungen 148
Bezirk 152
bieten 170
Bild 182, 197, 201
bilden 145
bildhaft 201
Bildhauerei 198
Bildhauer(in) 198
Bildschirm 198
Bildung 154, 181
billig 166
Bindung 157, 160
Biochemiker(in) 186
Biodiesel 174
Biokraftstoff 174
biologisch abbaubar 174
Biometrie 186
biometrisch 186
Biomüll 174
Biotechnologie 186
Biotreibstoff 174
BIP 168
Blankvers 200
blind 152
Blog 192
Blogger(in) 192

203

Deutsches Glossar

Bombe 142, 186
Bombenanschlag 142
bonitätsschwach 171
Boom 166
Börse 168, 171
Bösewicht 203
Botschaft 196
Boulevardblatt 199
Boulevardpresse 195
Boygroup 192
Boykott 166
boykottieren 142, 166
Branche 171
Brandrodung 178
Brandstiftung 152
Breitband 186
Breitbild(format) 199
Breitbildschirm 199
Brennpunkt 163
britisch 160
Bronze 192
Bronzemedaille 192
Bruder 152
Brutstätte 152
Budget 166, 192
buhen 192
Bühne 198, 203
Bühnenbild 202
Bühneneingang 198
Bundes- 144
Bündnis 142
Bürger(in) 143, 153, 180
Bürgerkrieg 143, 180
Bürgerrechte 180
Bußgeld 154

Callcenter 166
Carsharing 174
Cartoon 193
Casting 193
Castingshow 193
Cellist(in) 193
Chance 180, 183
Charakterisierung 200
Charts 193
Chefelektriker(in) 195

Chef(in) 166
Chefredakteur(in) 194
Chemikalie 174
Chor 193
Choreografie 193
choreografieren 193
Choreograf(in) 193
Chorus 200
Cineast(in) 193
Clique 153
CO2 arm 177
CO2-Ausgleich 174
Code 186
Countrymusic 193
Cutter(in) 194

Darlehen 169
Daten 187
Dealer(in) 153
Debatte 143
Debüt 194
Defizit 167
degenerativ 187
dekodieren 187
Delegierte(r) 143
Demokratie 143, 160, 181
Demokrat(in) 143
demokratisch 144, 160
Demonstrant(in) 144, 148
Demonstration 144
demonstrieren 144
Denkmal 198
denkwürdig 201
derb 200
Derbheit 200
Desertifikation 175
Design 187
Designerbaby 187
desillusioniert 153
Desperado 181
Detektiv(in) 153
Dezentralisierung 144
Dialog 194
Dichter(in) 197, 202

Dichtung 202
Dieb(in) 193
Diebstahl 156, 157, 192
Dienstleistung 171
Dienstleistungs-
  industrie 171
digital 187
digitalisieren 187
Diktator 144
Diktatur 144
Dilemma 200
Diplomatie 144
Diplomat(in) 144
Dirigent(in) 193
diskriminieren 161, 167
Diskriminierung 153, 161, 167, 181
Dissident(in) 144
Distickstoffmonoxid 177
DJ 194, 199
DNS 187
Dokumentarfilm 194
Dollar 167
Dorf 158
drahtlos 190
Drama 194, 200
Dramatiker(in) 197, 200, 202
dramatisch 200
Drehbuch 198
Drehbuchautor(in) 198
drehen 194, 198
Drehort 195, 198
Dritte Welt 171
Droge 153
Drogendealer(in) 153
Drogenmissbrauch 153
Druck 148, 156
DSL 187
Duett 194
Düngemittel 176
Dünger 176
Dur 196

Durchbruch 186
durcheinanderbringen 190
Dürre(periode) 175
DVD 187, 194
Dystopie 187

Ebonics 181
echt 195
Edelmann 202
editieren 194
effektiv 167
effizient 175, 187
Effizienz 175
egalitär 181
Ehe 155
Ehebruch 200
ehrenamtlich arbeiten 158
Ehrgeiz 180, 192, 200
ehrgeizig 180, 192
Eid 147
Eifersucht 201
eigentlich 190
Eigentum 170
Einäscherung 153
einbrechen 193
Einbrecher(in) 152
Einbruch 152, 171
Einbürgerung 183
eindeutig 194
Eindringling 162
Eindruck 201
Einfluss 155, 162
eingetragene
  Partnerschaft 153
eingrenzen 153
einheimisch 161
Einheit 150, 184
Einkommen 155
einkommensschwach 155
einmalig 164
Einpeitscher(in) 150
einschalten 199
Einschaltquoten 197
Einschränkung 184

Deutsches Glossar

einsetzen 144
einstellen 168, 182
Einstellung 199
einstimmig 150
Eintritt 194
Einwanderer
 (Einwanderin) 161
Einwanderung 155, 161
Einwohner(in) 155
Einzelhändler(in) 170
Einzelne(r) 182
einzigartig 184
Einzigartigkeit 181
Eiskappe 176
Elfenbein 176
Elternteil 156
Embryo 187
embryonal 187
Empfang 164, 184
empfangen 184
empirisch 187
Energie 175
energieeffizient 175
energiesparend 175
Ensemble 194
entdecken 187
Entdeckung 187
entführen 154, 155
Entführung 154, 155
Entkolonialisierung 160
Entlarvung 203
entlassen 167, 169
Entlassung 167, 170
entscheidend 146
Entschlossenheit 181
Entschluss 148
entwerfen 187
entwickeln 167, 175, 187
Entwickler(in) 187
Entwicklung 167, 175, 187
Entwicklungsfonds 181
entziffern 187
Epoche 202
Erbe 182
erben 188

Erdbeben 175
Erderwärmung 176
Erdgas 177
Ereignis 154, 181
Erfahrung 168
erfassen 188
erfinden 188, 200
Erfinder(in) 188
Erfindung 188
Erfolg 157, 170, 171, 184, 199
erfolgreich 175, 184, 199
erforschen 187
Erforschung 187
Ergebnis 189
erhöhen 168, 176, 188
Erhöhung 176
Erklärung 143
erlauben 142
Erlösung 200
ermorden 155
ernennen 142, 147
erneuerbar 177
erneuerbare
 Energiequelle 177
erneuern 163
ernst 190
Ernte 186, 191
eröffnen 171
erschöpft 175
Erstausgabe 201
erstrebenswert 187
erwachsen 152
Erwachsene(r) 152
erwachsen werden 154
Erweiterung 144, 161
Erzählgedicht 202
erzeugen 176, 187
Etat 142, 166
Ethik 187
ethisch 187
ethnisch 161, 181
Euro 168
Europäische Union 144

Evolution 187
Exekutive 144
Exil 144
expandieren 168
Expansion 168, 181
Experiment 187
Experimentieren 187
Experte 194
Expertin 194
explizit 194
Export 168
Exportzoll 168
extern 161
extrem 175
Extrem 175
Extremismus 144
Exzeptionalismus 181
EZB 167
Ezine 194

F

Fabrik 168, 170
Fach 157
Fähigkeit 157, 171, 186
fair 168
fallen 168
fälschen 195
Fälscher(in) 195
Fälschung 194, 195
Familie 154
Fan 194
Fangemeinde 194
Farbe 160
farbig 160, 162, 180, 183
Farce 200
faszinieren 200
Fauna 176
FCKW 174
Fehde 201
Fehleinschätzung 200
Fehler 201
Feind 144
Feindseligkeiten 145
Feldfrucht 186
Fernsehapparat 199
Fernsehen 190, 199
Fertigkeit 171
Festival 194

Fete 156
feuern 168
Figur 193, 200
Filiale 166
Film 194, 196, 201
Filmgesellschaft 194
Filmkritiker(in) 194
Filmliebhaber(in) 193
Filmmusik 198
Filmstar 194
Filmteam 194
Finale 194
finanziell 168
Finanzierung 154
Finanzminister(in) 143
Finanzwesen 168
Firewall 187
Firma 166, 168
Flachbildschirm 194
Flagge 181
Flaute 181
fleißig 182
flexibel 168
Flexibilität 168
fliegen 176
fliehen 161, 181
Flop 195
floppen 199
Flora 176
florieren 170
florierend 166
Flüchtling 163, 183
Flug 176
Flügel 150
Fluorkohlenstoff 176
Flut 176
föderal 144
Folge 188
Folter 150
Förder- 157
fordern 143
Forderung 143
Format 187
formen 145
forschen 189
Forscher(in) 189
Forschung 189
Fortschritt 186, 189

Deutsches Glossar

Fortuna 201
fötal 187
Fotografie 197
fotografieren 196
Fotograf(in) 197
Fötus- 187
Fracht 166
Fraktionszwang 150, 152
frei 145
Freiberufler(in) 168
freiberuflich 168
Freier 203
Freihandel 168
Freiheit 145, 161, 181, 182
freilassen 177
freisetzen 177
fremd 160, 161
Freund 152
Freundin 154
Freundschaft 201
Frieden 147
Friedenssicherung 147
Friedenstruppen 147
Friedensvertrag 147
friedlich 147, 162
früh 200
frühere(r) 145
führen 146, 188
führend 149
Führer(in) 146
Führung 195
Führung(sspitze) 146
Fundamentalismus 145, 161
Fundamentalist(in) 145, 161
Fusion 169
fusionieren 169
futuristisch 187
Futurologe (Futurologin) 187

G8 168
Galerie 195
Gang 154

Garderobe 194
geben 198
Gebiet 152
Geburt 160
Geburtsfehler 186
Gedicht 197, 202
Gefahr 178, 187, 188
gefährdet 175
Gegenstimme 144
Gegner(in) 147
Gehalt 171, 184
Gehaltserhöhung 170
Geheimdienst 149
Geisel 155
geistreich 203
Geld 169
Geldautomat 166
Gelder 195
Gelegenheit 169
Geliebte(r) 201
Gemälde 196
Gemeinde 143, 153, 160, 180
Gemeindezentrum 153
Gemeinschaft 143, 153, 160, 180
Gemeinwohl 180
gemischt 153
gemischtrassig 162, 183
Gen 187
Generalsekretär(in) 149
Generation 154, 161, 181
generieren 187
Genetik 187
Genetiker(in) 187
genetisch 187
genetisch modifiziert 176
Genie 195, 201
genmanipuliert 187
Genom 187
Gentechnik 176, 187
geothermisch 176
Gerät 187

gerecht 161
Gerechtigkeit 145, 182
Gericht 143, 153
gerichtlich 145
Gerichtswesen 145
gering 188
Gesamtschule 153
Gesandte(r) 144
Geschäft 166, 167
Geschäftsführer(in) 166, 169
Geschäftsführung 169
Geschäftsmann (Geschäftsfrau) 166
Geschichte 182, 198, 201
geschieden 153
Geschlecht 154
Geschwister 157
Gesellschaft 157, 163, 184
Gesetz 142, 146
Gesetzesentwurf 146, 180
gesetzgebend 146
Gesetzgebung 146
gestalten 187
gesund 154
Gesundheit 154
getrennt 163, 184
Gewalt 158, 164, 184, 199
Gewaltherrschaft 150
gewalttätig 158, 164, 184
Gewerkschaft 169, 172
Gewinn 170
Gift 177
giftig 177, 178
Giftstoff 190
Gig 195
Gipfel(treffen) 149
Girlband 195
Gitarrist(in) 195
Glaube 181
Glauben 161
gläubig 156

Gleichaltrige(r) 156
gleichberechtigt 161
Gleichberechtigung 161
Gleichgewicht 174, 175
Gleichheit 181
Gleichnis 202
Gleitzeit 168
Gletscher 176
global 168
Globalisierung 168
Glotze 192
Glück 201
GmbH 169
Gold 195
Goldmedaille 195
Gouverneur(in) 145
Greencard 182
Grenze 142, 180, 181
Grenzland 181
grenzüberschreitend 143
Großbritannien 160
Großhändler(in) 172
Großstadt 153
Groupie 195
grün 176
Grundbedürfnisse 152
gründen 171
Gründerväter 181
Grundschule 154, 156
Grundstoffindustrie 170
Grundwasser 188
Gruppe 154, 161, 195, 198

H

Hacker(in) 188
Haft 153
Halbbruder 154
Halbschwester 154
Haltung 152
Handel 166, 172
Handeln 174
Handelsvertreter(in) 171
Händler 172

Deutsches Glossar

Handlung 192, 197, 202
Handwerker 172
Handy 186, 188
Harfenist(in) 195
Harmonie 161
häufiger 152
Hauptdarsteller(in) 192
Hauptrolle 201
Hauptstadt 142
Hauptverwaltung 168
Haushalt 155
Haushaltsplan 142
Hausse 166
Hautkrebs 178
HDTV 188
Heavy Metal 195
heilen 186, 188
Heilmittel 186
Heim 154
Heimat 161
Heimatschutz 182
heiraten 155
heiter 201
Held 201
heldenhaft 201
Heldin 201
hemmungslos 203
herausbringen 189, 197
herausfinden 187
Herausforderer 143
Herausforderin 143
herausfordern 143
herausgeben 197
Herausgeber(in) 197
Herkunft 160, 162, 181
Herrschaft 202
Herrscher(in) 149
herstellen 169, 170
Hersteller(in) 170
heterosexuell 154
Heterosexuelle(r) 154
Hilfe 148
Hindu 161
hineinlassen 180
hineinströmen 181

Hinterbänkler(in) 142
Historiendrama 201
Hit 195
Hitzewelle 176
hochrangig 149
Hochschulabsolvent(in) 154
Hochwasser 176
Hochzeit 158
Hof 200
Hoffnung 182
Hollywood 195
Holz 199
homogen 161
Homogenität 161
homosexuell 155
Homosexuelle(r) 155
humanitär 145
Humor 201
Hungersnot 176
Hurrikan 176
Hybrid 188
Hyperbel 201
Hypothek 169

I

Ideal 182
Identität 161
Identitätsdiebstahl 188
Ideologie 145
illegal 145, 161, 182
Illusion 182
Imam 161
imminent 176
Immobilien 170
Immobilienmakler(in) 168, 170
imperialistisch 182
Implantat 188
implantieren 188
Import 168
Improvisation 195
improvisieren 195
Inder(in) 161
Indianer(in) 182
Individualismus 182
Industrialisierung 168, 182

Industrie 168
industriell 168
ineffizient 176
Inflation 169
Ingenieur(in) 187
Inhaber(in) 170
inhaftieren 155
Inhaftierung 155
Initiative 155
Innenministerium 145
Inspiration 201
inspirieren 201
Instrument 195
inszenieren 202
Inszenierung 197, 202
Integration 162, 180
integrieren 180
integriert 162
intelligent 188
interaktiv 195
Internat 152
international 145, 169
internationalistisch 182
Internet 188, 189, 195
Internetbenutzer(in) 189
Internierung 144
intervenieren 145
Interventionismus 182
interventionistisch 182
Interview 169
Intoleranz 162
Intrige 201
Intrigenspiel 202
Invasion 145
investieren 169
Investition 169
Investor(in) 169
Irisscan 189
irreversibel 176
Islam 162
islamisch 162
Isolationismus 182
isolieren 176
Isolierung 176
IT 188
IWF 168

J

jagen 176
Jahreshauptversammlung 166
Jazz 195
Job 155
Journalist(in) 195
Jude 162, 182
Jüdin 162, 182
jüdisch 162, 182
Jugend 158
Jugendliche(r) 152, 158
Jugend(zeit) 152
jung 158
Junta 145

K

Kabarett 193
Kabinett 142
Kaiser 144
Kaiserreich 144
Kamera 193
Kameraeinstellung 198
Kameraperspektive 193
Kammer 143
Kampagne 142
Kampf 200
kämpfen 142
Kämpfer(in) 144
Kanal 193
Kandidat(in) 142, 143
Kandidatur 142
Kapital 166
Kapitalismus 166
Kapitol 142
Karibik 160
Karikatur 193
Karriere 166
kartieren 188
Kartierung 188
Kasse 192
Kassenschlager 192
Katalysator 174
Katastrophe 175, 186
kaufen 166
Kind 152

Deutsches Glossar

Kinderarbeit 166
Kindergarten 155
Kindesmissbrauch 152
Kinematografie 193
Kinematograf(in) 193
Kino 193
Kinobesucher(in) 196
Kinohit 192
Kinoliebhaber(in) 193
Kirche 152
Klamauk 202
Kläranlage 178
klassische Musik 193
klatschen 193
Klatschspalte 195
Kleidung 161
Kleinanzeige 193
Kleinbauer
 (Kleinbäuerin) 178
Klima 174
Klimawandel 174
Klon 186
klonen 186
Klonen 186
Knappheit 178
Koalition 143
Kohle 174
Kohlendioxid 174
Kohlenstoff 174
kohlenstoffarm 177
Kollege 166
Kollegin 166
kolonial 160
Kolonialismus 160
Kolonie 143, 160
Kolumne 193
Komiker(in) 193
komisch 201
Kommerzialisierung 186
kommerziell 166, 186, 193
Kommission 143
Kommunismus 143
Kommunist(in) 143
kommunistisch 143
Komödie 193, 200
Kompatabilität 186

kompatibel 186
komplex 186, 188, 200
kompliziert 200
komponieren 193
Komponist(in) 193
kompostieren 174
Kompromiss 143
Konflikt 143, 153, 160, 200
Konfrontation 153
König 146
Königin 148
königlich 148
Konjunktur 167
Konkurrent(in) 170
Konkurrenz 166, 170
konkurrierend 166
Konnektivität 186
Konsequenz 174, 175
konservativ 150
Konservative(r) 143, 150
Konto 166
kontrovers 186
Kontroverse 186, 193
Konzert 193
Kopie 197
körperlich 189
Korrespondent(in) 193
korrupt 143
Korruption 143
kosten 167
Kosten 167
Kostüm 193
Kostümbildner(in) 193
kräftigen 163
Kraftwerk 177
Krankheit 187
Kredit 169
Kreditkarte 167
Kreditklemme 167
kreieren 186
Krieg 150, 184
Kriegsführung 190
Kriminalität 153, 160
Krise 143, 174
Krisenregion 145

Kritik 197
Kritiker(in) 194
Krone 143
Krönung 143
Kulisse 198
Kult 194
Kultur 160, 181, 194
kulturell 160, 181
Kummerkastentante 192
Kunde 166, 167
Kundenservice 167
Kundgebung 148
Kundin 166, 167
Kunst 192
Künstler(in) 192, 197
künstlich 177
künstliche
 Befruchtung 188
künstliche Intelligenz 186
Kunstsammlung 193
Kunststoff 177
kunstvoll 200
Kupferstich 194
Kurs 153
kürzen 171
Kurzfilm 198
kurzfristig 171
Kurznachrichten 196
Kyotoprotokoll 176

L

Labor 188
Land 160, 174, 180, 183
ländlich 156
Landschaft 174, 176, 195
Landwirt(in) 176
Landwirtschaft 166, 176
langfristig 169, 176, 188
Langlebigkeit 188
Laser 188
Latino 182
laufen 198
lauter 168

leben 155
Leben 182, 188, 201
Lebensbedingungen 155, 162, 182
Lebenslauf 167, 170
Lebensqualität 177
Lebensraum 174, 176
Lebensstil 155
Lebensunterhalt 169, 182
legal 182
Legislative 146
Lehre 166
Lehrer(in) 157
Lehrling 172
Lehrplan 153
Leid 184
leiden 157
Leidenschaft 202
leihen 166, 169
Leinwand 193, 198
Leistung 186
Leitartikel 194, 195
leiten 170
Leiter(in) 168
Lernen 155
Lesbe 154
Lesbierin 155
lesbisch 154, 155
Leserbrief 195
Leserschaft 197
liberal 146, 182
liberalisieren 169
Liebe 201
Liebesgeschichte 195
Liebhaber 201
Liebschaft 201
Liedtext 195
liefern 167, 170
Lieferung 167
Liste 150
Literatur 195
Live- 195
Lizenzen 198
Lobby 146
Lobbyist(in) 146
Logo 169
Lohn 172

Deutsches Glossar

Los 182
Loyalität 180, 182
Luftfahrt 174
Lüge 201
Lustbarkeit 201
lustig 200
Lynchen 182
Lyrik 197
lyrisch 201

Macht 145, 147
mächtig 147
Magie 196
Magier 196
magisch 196
makaber 201
Makel 201
malen 196
Maler(in) 196
Malware 188
Mandat 146
Mangel 157, 184, 187
Manifest 146
manipulieren 188
Marge 169
Marke 166, 169
Marketing 169
Markt 169
Marktforschung 169
Marktkräfte 169
Marmor 196
Maskenball 201
Masse 169
Massenfischzucht 176
Massentierhaltung 176
Massenvernichtungswaffen 191
Maßnahme 171, 174
Maßstab 198
maximieren 169
MdEP 146
Medaille 196
Medaillengewinner(in) 196
Medien 196
Medikament 187, 188

Medium 196
Medizin 188
Meer 178
Meeresspiegel 178
Mehrheit 146
Mehrheitswahl 144, 146
Mehrheitswahlrecht 144
Meinung 196
Meinungsumfrage 147
Meister(in) 193
Meisterschaft 193
Meisterwerk 196
Menschen 162
Menschenhandel 156
Menschenrechte 145
Menschheit 188
Messe 168
Messer 155
Metapher 201
Methan 177
Metrum 201
Miete 156
mieten 156
Migration 155, 183
Mikrochirurgie 188
Mikroelektronik 188
Mikrokredit 169
militant 146
Militär 188
militärisch 188
Milizen 146
Millionär(in) 183
Minderheit 146, 162, 183
minderwertig 171
Mindestlohn 169
minimalinvasive Chirurgie 188
Minister(in) 145, 146, 149, 198
Ministerium 144, 146
Mischung 162
Missbildung 188
Missbrauch 142, 152
missbrauchen 188
Misshandlung 183

Misstrauen 163
misstrauisch 163
Mitarbeiter(in) 167
Mitbewerber(in) 143
Mitbürger(in) 162
Mitglied 146
Mitgliedsstaat 146
Mitte 143
Mittel 195
Mittelalter 201
mittelalterlich 201
mobben 168
Mobbing 152, 168
Mobilität 169, 188
Moderator(in) 192
modern 188
modifizieren 188
möglich 189
Möglichkeit 189
Moll 196
Monarchie 146
Monarch(in) 146
Monatszeitschrift 196
Monolog 201, 202
Montageband 166
moralisch 188
Moratorium 177
Mord 155, 202
Moschee 155, 162
Motiv 203
MP3 188
Müll 176, 178
Müll(ablade)platz 175
Mülldeponie 176
Multikulturalismus 162, 183
multikulturell 162
multinational 169
Museum 196
Musical 196
Musik 196
Musiker(in) 196
Muslim(in) 162
Mutation 188
mutieren 188
Mutter 155
MwSt. 172

Mythologie 183
Mythos 183

Nachbar(in) 155, 162
Nachbarschaft 155, 183
Nachfolge 149
Nachfolger(in) 149
Nachfrage 167
nachhaltig 178
Nachhaltigkeit 178
Nachkomme 160, 181
Nachrichten 196
Nachrichtendienst 145
Nachruf 196
Nachwahl 142
Nahrungskette 187
Nation 146, 162
national 146, 169
Nationalismus 146
Nationalist(in) 146
Nationalität 162, 183
Nationalpark 177
Nato 146
Natur 174, 177
natürlich 177
Naturschützer(in) 174
nder(in) 182
Nebendarsteller(in) 192
Nebenhandlung 203
Nebenrolle 203
Nebenwirkung 190
Neger(in) 183
Neigung 189
Network 196
Netzwerkfähigkeit 186
Neuankömmling 183
Neuerscheinung 197
Neue Welt 183
Neuschöpfung 200
NGO 146
Niederlage 143
niederstechen 157
nominieren 196
Nominierte(r) 196
Nominierung 147

Deutsches Glossar

Note 154
Nutzen 186
Nutzpflanze 174

O

Obdach 157
obdachlos 154
Obdachlosenheim 155
Obdachlosigkeit 155
Obergrenze 174
objektiv 196
obsolet 189
obszön 196
offen 162
Offenheit 162
öffentlich 148
öffentlicher Dienst 143, 156
Öffentlichkeit 148, 156, 202
öffentlichrechtlicher Rundfunk 197
Ökologie 175
ökologisch 175
ökologischer Fußabdruck 174
Ökosteuer 175, 176
Ökosystem 175
Ökoterrorist(in) 175
Öl 196
Oldies 156
Ölgemälde 196
Ölpest 177
Ölteppich 177
online 196
Oper 196
operieren 169
Opernhaus 196
Opernsänger(in) 196
Opfer 158
Opposition 147
Oppositionsführer(in) 147
optimistisch 162
Orchester 196
Organ 189
Organisation 170
Organismus 189

Oscar 196
Osten 161
Osteuropa 161
outsourcen 170
Ozon 177

P

Paar 153
Pakistaner(in) 162
Paparazzi 196
Parlament 147
parlamentarisch 147
Parlamentsabgeordnete(r) 146
Partei 147
Parteichef(in) 146, 147
Parteilinie 147
Parteitag 147
Partner 147
Partner(in) 170
Partnerschaft 170
Party 156
Pass 162
Patent 189
patriotisch 162, 183
Patriotismus 162, 183
patrouillieren 156
Pause 195
PDA 189
pendeln 153
Personal 170
Personalabbau 167
Personalabteilung 168, 170
Personalausweis 161
Personifizierung 202
Persönlichkeit 156
pessimistisch 162
Pest 202
Pestizid 177
Pflanze 177
Pflücker(in) 183
Pfund 170
Phase 189
Pianist(in) 197
Pilger(in) 183
PIN 170
Pionier(in) 183
Piraterie 197

Pistole 154
Planet 177
Plasmabildschirm 197
Plastik 177
Platin 197
Plattenfirma 197
Plattenlabel 195
Pluralismus 162
Pokal 194
Pol 177
Politik 147
Politiker(in) 147
politisch 147
Polizei 156
Popkultur 197
Popmusik 197
populär 197
Pornografie 197
pornografisch 197
Portrait 197
positive 186
possenhaft 200
Posten 147
Postgraduierte(r) 156
Potenzial 189
prägen 200
Präimplantationsdiagnostik 189
Praktikum 158, 169
Prämie 166
Präsentation 170
Präsident(in) 148
Präsidentschaft 148
Präsidentschaftskandidat(in) 142
Preis 170, 174, 192, 197
Premiere 196, 197
Premierminister(in) 147, 148
Presse 197
Primetime 197
privatisieren 170
Privatschule 155, 156
proaktiv 177
Probe 189, 197, 202
proben 197, 202
Problem 156, 163, 177, 183

Problemstück 202
prodemokratisch 148
Produkt 170
Produktion 197
Produktivität 170
produzieren 197
professionell 170
profitieren 180
Programm 156, 157, 189, 197, 198
Projekt 156, 170
Proll 152
Prolog 202
Propaganda 148
Prostituierte(r) 156
Prostitution 156
Protagonist(in) 202
Protektorat 163
Protest 163
Protest(marsch) 148
Prototyp 189
Provision 166
prowestlich 148
Prozedur 189
Prozess 189
prüfen 188
Prüfung 154
Pubertät 156
Publicity 188
Publikum 192
Puritaner(in) 183
Putsch 143

Q

Qualität 170
Quartal 170
Quartett 197
Quelle 178
Quizshow 197
Quote 183

R

Rabatt 167
Rache 202
Radierung 194
radikal 148
Radio 197
raffiniert 200
Rakete 189
Rasse 163, 183

Deutsches Glossar

Rassenbeziehungen 163
Rassismus 156, 163, 183
Rat 143, 152, 153
Rate 170
ratifizieren 148
Ratifizierung 148
Raubüberfall 195
Raumsonde 190
Realityfernsehen 197
rebellieren 156
Rebell(in) 148
Rechnung 169
Recht 148, 163, 184
rechtmäßig 162
rechtschaffen 184
recyceln 177
Recycling 177
Redakteur(in) 194
Rede 142, 149, 198, 203
redigieren 194
reduzieren 167, 174
Referendum 148
Reform 148
Refrain 193
Regen 177
Regenwald 177
regieren 145, 149
Regierung 142, 145, 154
Regierungschef(in) 146
Regierungsgewalt 145
Regime 148
Regimekritiker(in) 144
Region 152
Regisseur(in) 194
regulieren 189
Regulierungsbehörde 190
reich 163, 172
Reich 161
Reichtum 163, 172, 184
Reim 202
Reimpaar 202
Reimschema 202
rein 163
Reinheit 163
reisen 158
reißerisch 198
Reklame 192
Rekord 197
Religion 156, 163
religiös 163, 189
Rennen 148
rentabel 170
Rente 156, 170
Rentenversicherung 170
Rentner(in) 156
Reparationen 183
Repertoire 197, 202
Reporter(in) 197
Repräsentantenhaus 145
Repräsentant(in) 148
repräsentieren 183
Reproduktion 197
Reproduktionstechnologie 189
Republik 148
Republikaner(in) 148
republikanisch 148
Requisit 197
Requisiten 202
Resolution 148
Respekt 156, 163, 184
Ressource 177
Ressourcen 156
Resultat 189
resultieren 189
Retortenbaby 190
retten 178
Revier 155, 157
Revierkampf 158
Revolution 148, 189
revolutionieren 189
Rezension 197
Rezession 170
Rhythmus 202
Richter(in) 155
Risiko 170, 188
Rivale (Rivalin) 143, 148
Roadmap 148
Roboter 189
Robotertechnik 189
Rockmusik 198
Rohstoff 170, 177
Rolle 184, 196, 198, 200, 202
romantisch 202
Romanze 202
Rote Liste 177
Router 189
Rückblende 194
Rückführung 163
Rückgang 175, 181
Rückruf 170
rücksichtslos 202
Rücktritt 148
Rückzahlung 170
Ruhm 181
Rummel 188
Rundfunk- / Fernsehanstalt 192
Rundfunkgebühr 195

S

Saal 192
Sänger(in) 198, 199
Sanktion 149, 171
Satellit 189
Satellitennavigationsgerät 189
Satellitenschüssel 198
Satz 196
sauber 174
Säugling 155
schaden 175, 188
schädlich 176, 188
Schadstoff 177
Schadstoffausstoß 175
schaffen 160, 167
Schallplatte 197
schauspielen 192
Schauspieler(in) 192, 200
Schauspieltruppe 193, 200, 203
Scheck 166
Scheidung 153
Scheitern 200
Schicht 171
Schicksal 201
Schießerei 157
schikanieren 158
Schirmherr(in) 196
Schlacht 200
Schlagzeile 195
Schlagzeuger(in) 194
Schleier 164
schlichten 169
schmelzen 177
Schmelztiegel 183
Schmuggel 163
schmuggeln 163, 184
Schmuggler(in) 163
schonungslos 202
schreiben 203
Schriftsteller(in) 199, 203
Schritt 178
Schulabschluss 170
Schulbildung 184
Schuld 167, 175, 201
schulden 189
Schuldenerlass 167
Schuld(gefühl) 201
Schule 157
Schulgeld 158
Schulschwänzer(in) 158
Schulstunde 156
Schulsystem 157
Schurke 202
Schutz 156, 177, 189
schutzbedürftig 158
schützen 174, 189
Schutzgebiet 160
Schwank 200
schwarz 160, 180
schwarzarbeiten 183
Schwarze(r) 180
Schwellenland 171
Schwester 157
schwul 154
Schwule(r) 154
Sciencefiction 189
Seifenoper 198

211

Deutsches Glossar

Seinesgleichen 156
Sektor 171
Selbstbild 184
Selbsterkenntnis 202
Selbstmord 203
selbstständig 171, 184
Senat 149
Senator(in) 149
senden 192, 198
Sendung 171, 192, 197
senken 171
Sequenz 190
Serie 198
Set 194, 198
Sex 198
Show 198
Showmaster 195
sich bewerben 166
sich entschuldigen 180
sicher 161
Sicherheit 149, 184, 189, 190
sich leisten 152, 166
sich niederlassen 163, 184
sich trennen 152, 157
sich wenden an 163
Siedler 163, 184
Siedler(in) 163
Siedlung 154
Sieg 150
Sikh 163
Silbe 203
Silber 198
Silbermedaille 198
Simulation 190
simulieren 190
Single 157, 198
sinken 168
Sinneslust 201
Sitcom 198
Sitz 149
Sitzungsperiode 149
Sketch 198
Skizze 198
skizzieren 198
Sklave 184

Sklaverei 163, 184
Sklavin 184
Skulptur 198
Slapstick 202
Slum 157
Soap 198
Sohn 157
Solidarität 149
Solist(in) 198
Solo 198
Sonderschule 157
Sonett 202
Sorgerecht 153
Souffleur (Souffleuse) 197
soufflieren 197
Sozialhilfe 172, 185
Sozialist(in) 149
Sozialwohnung 153
sozioökonomisch 157
Spanglish 184
Spannung 163, 199
Spannungen 149
sparen 171, 174
spät 201
Special Effects 203
Spende 153, 194
spenden 153, 194
Spendensammler(in) 145
Spezies 178, 190
Spiel 195, 196
spielen 200
Spielfilm 194
Spielshow 195
Spitze 187
Spitzenkandidat(in) 145
Splitterpartei 149
Sponsor(in) 198
Sport 198
Sportler(in) 198
Sprache 195, 201, 203
Spracherkennung 190
sprachgewandt 200
Sprachmittel 201
Sprecher(in) 192, 202
Sprung 188

Staat 149
staatlich 171
Staatsbürgerschaft 160, 180
Staatschef(in) 149
Staatshaushalt 142
Staatsschule 156, 157
Staatsstreich 143
Stadt 157
städtisch 158, 178
Staffel 198
Stamm 190
Stammzelle 190
Standard 157, 171
Star 198
Statist(in) 194
Status 157
steigen 168, 170, 177
steigend 170
steigern 188
Stelle 155, 162, 182
Stellungnahme 149
Stellvertreter(in) 167
sterblich 202
Sterblichkeit 188, 202
Steuer 171, 184
Stichwort 194, 197
Stil 203
Stilmittel 203
Stimme 150
Stimmzettel 142
Stipendium 157
Stoff 178
stolz 163
Stolz 183
Strafe 156
Straftat 156
Straftäter(in) 156
Strahlung 177
Straße 157, 184
Straßenkünstler(in) 198
Strategie 171
Streik 171
streiken 171
Streit 202
Streitkräfte 142

streng 161
Strophe 203
Stückeschreiber(in) 197, 202
Student(in) 157, 158
Studienabschluss 153, 156, 170
studieren 157
Studio 198
stürzen 147, 150
Stütze 167
Substanz 190
Subvention 168, 171
subventioniert 171
süchtig 195
Supermacht 184
Sweatshop 171
Symbol 184
symbolisieren 184
Symphonie 199
Symptom 190
Synagoge 157, 163
synchronisieren 194
synthetisch 190
System 149, 157
Szene 198, 202

T

Tagesgeschehen 194
Tageszeitung 194
Take 199
Talent 199
Talkshow 199
Tantiemen 198
tanzen 194
Tänzer(in) 194
täuschen 200
Täuschung 200
Teaser 199
Technik 199
Techniker(in) 199
Techno 199
Technologie 190
technologisch 190
Teenager 157
Telearbeit 171
Tellerwäscher(in) 181
Tempel 157, 163
Temperatur 178

Deutsches Glossar

Territorium 160
Terrorismus 149, 157
Terrorist(in) 150, 157
Test 190
Text 195, 201, 202
Theater 199, 203
Theaterbesucher(in) 199
Theaterensemble 199
Theaterstück 197, 202
Thema 199
therapeutisch 190
Thriller 199
Ticket 150
Tier 174
Tierversuch(e) 186
Titelmusik 199
Titelseite 195
Tochter 153
Tochterunternehmen 171
Tod 153, 200
tödlich 154, 187
tolerant 163
Toleranz 163
Ton 203
Tor 181
totalitär 150
töten 201
Totschlag 155
Tour 199
Toxin 190
Track 199
Tragikomödie 203
tragisch 203
Tragödie 203
Trainee 172
transgen 190
Transplantation 190
transplantieren 190
Transport 158, 178
Traum 181
Treibhauseffekt 176
Treibhausgas 176
Trend 172
trennen 163
Trennung 157, 163, 184
Trinkwasser 175

Triumph 190
Trompeter(in) 199
Truppen 150
Tsunami 178
Tyrann 150
Tyrannisierung 152

U

Überbevölkerung 156
Überfall 152, 155
überfallen 155
Überfischen 177
überfüllt 153, 156
Überfüllung 156
überholt 189
Überleben 178
Übernahme 171
übernehmen 171
Überschuss 171
Überschwemmung 176
Überstunden 170
übertragen 144, 199
Übertragung 199
Überwachung 149
überwältigend 147
Überweisung 183
Überzeugung 181
Überziehungskredit 170
ultimativ 190
ultraviolett 178
Umfrage 147
Umgebung 154, 161, 190
umkehren 177
Umsatz 172
umsiedeln 156
umstritten 193
Umwelt 154, 175
umweltfreundlich 176
Umweltschutz 174
Umweltschützer(in) 175
umweltverschmutzend 177
Umweltverschmutzer(in) 177

Umweltverschmutzung 177
umziehen 183
unabhängig 145
Unabhängigkeit 145, 161, 182
unbemannt 190
unendlich 188
Unendlichkeit 188
unfruchtbar 188
Ungleichheit 162, 168
Universität 158
Universum 190
unkontrolliert 190
unparteiisch 145
unplausibel 182
unplugged 199
Unrecht 185
unrentabel 172
Unruhen 148, 163
Unschuld 201
unschuldig 201
unsterblich 201
Unsterblichkeit 201
unterdrücken 147, 149, 162
Unterdrückung 162
Unterhaltung 200
Unterkunft 152
Unternehmen 166, 167, 168
Unternehmensgeist 168
Unternehmer(in) 168
Unterschied 161
unterschiedlich 161
unterstützen 149, 178
Unterstützung 163, 166
untersuchen 155, 190
Untertitel 199
unvergesslich 201
unvoreingenommen 195
Uraufführung 197
urban 178
Urlaub 168, 169
Ursache 174

Urteil 157
Utopie 190

V

Vandalismus 158
Varietee 193
Vater 154
Vegetation 178
verändern 174, 186
Veränderung 152, 174, 186
Veranstaltungskalender 195
verantwortlich 142, 156
Verantwortung 156
verbannen 200
verbessern 187, 188
verbieten 147, 189
Verbot 142, 152, 166, 174, 186
Verbrauch 167, 174
verbrauchen 174, 178
Verbraucher(in) 166, 186
Verbrechen 153, 160, 181, 200
Verbrecher(in) 153
Verbreitung 190
Verbündete(r) 142
verdienen 154, 167
Vereidigung 184
vereinbar 186
Vereinbarkeit 186
Vereinbarung 142
vereinen 150
Vereinigung 150
Vereinte Nationen 150
Vererbung 188
Verfahren 189
verfassen 203
Verfassung 143, 180
verfassungsmäßig 143
verfassungswidrig 150
verfeindet 201
verfilmen 194, 201
verfolgen 162, 183
Verfolgung 162, 183

213

Deutsches Glossar

Verführung 202
vergeben 201
Vergebung 201
Vergewaltiger 156
Vergewaltigung 156
vergiften 177
Vergnügen 200
verhaften 152
Verhaftung 144, 152
Verhalten 152
Verhältniswahl 148
verhandeln 146, 169
Verhandlung 146, 169
verheerend 175
verhindern 174
verhören 145
verkaufen 171
Verkehr 157, 178
verlassen 182
verletzen 150
verletzlich 158
Verletzung 166
Verliebtheit 201
Verlust 169
Vermächtnis 182
vermitteln 200
Vermögenswerte 166
Vernachlässigung 155
Vernarrtheit 201
vernichten 175
Vernissage 196, 197
veröffentlichen 202
Verpackung 177
verpatzen 195
verpflichten 198
verringern 177, 189
Verringerung 177
verschmutzen 177
Verschmutzung 156
verschwenden 178
verschwinden 161
verseuchen 174
Versicherung 169, 195
versöhnen 202
Versöhnung 148, 202
Versprechen 183
Verstärkung 152
verstehen 190

Verstoß 150, 166
Versuch 187
Verteidigung 143
Vertrag 167
vertreten 148
Vertrieb 167, 171
verursachen 174
verurteilen 143, 153
Verwahrlosung 155
verwandeln 190
Verwicklung 200
verwitwet 158
Veto 150
Vieh 176
Vielfalt 161, 167, 181
vielfältig 181
Vielvölker- 162, 183
Viertel 183
Vierte Welt 168
Vierzeiler 202
Violinist(in) 199
virtuell 190
virtuelle Realität 190
Virtuose
 (Virtuosin) 199
Virus 190
Vision 190, 199
Visum 184
Vizekandidat(in) 149
Vizepräsident(in) 150
VJ 199
Volk 162, 183
Völkermord 145
Volksentscheid 148
Volkszählung 180
Vorarbeiter(in) 168
voreingenommen 192
vorenthalten 181
Vorfahr(in) 160, 180
vorführen 198, 202
Vorführung 198
Vorgänger(in) 147
Vorgesetzte(r) 166
Vorhang 194
Vorort 157
Vorpremiere 197
Vorschau 199
Vorschrift 189

Vorsichtsmaßnahme
 189
vorsingen 192
Vorsingen 192
Vorsitz 166
Vorsitzende(r) 166
Vorspann 196
vorspielen 192
Vorspielen 192
vorsprechen 192
Vorsprechen 192
Vorstand 166
Vorstands-
 vorsitzende(r) 170
Vorstellungs-
 gespräch 169
Vorteil 180
Vorurteil 163
Vorwahlen 148
Vorzug 160
Vulkan 178

wachsen 182
Wachstum 154, 168,
 182
Wachstumsrate 168
Wahl 142, 144
Wahlbeteiligung 150
wählen 144, 150
Wähler(in) 150
Wählerschaft 144
Wahlkabine 147
Wahlkampagne 144
Wahlkampf 145
Wahlkreis 143, 147
Wahllokal 147
Wahltag 147
Wahlurne 142
Wahlveranstaltung
 145
Wahlversammlung
 148
Wahlversuch 144
wahrscheinlich 189
Wahrscheinlichkeit
 189
Währung 167, 168
Walfang 178

Wanderarbeiter(in)
 162, 183
Waren 168
Warenzeichen 172
warm 178
Warnung 150
Wasser 178
Wasserstoff 188
Wechselwähler(in)
 144, 149
Wegbereiter(in) 190
weggehen 182
weglaufen 156
weiß 164, 185
Weiße Haus 150
Welt 172
Weltbank 172
Weltmeister(in) 193
Weltmusik 199
Weltraum 190
Weltraumfähre 190
Weltraumstation 190
Weltwirtschaftskrise
 181
Werbebranche 192
Werbeslogan 171
Werbespot 193
Werbung 166, 192
Werk 199, 203
Wert 164, 172, 184
Westen 164
Wettbewerb 166
wettbewerbsfähig 166
Wetter 178
Wettkampf 193
Widerspruch 200
Widerstand 148, 162,
 189
Wiederaufbereitungs-
 anlage 177
Wiederaufforstung
 177
wiedereinführen 177
wiederholen 197
Wiederholung 197,
 202
Wiedervereinigung
 148

Deutsches Glossar

wiederverwenden 177
wiederverwerten 177
Wiederwahl 148
wild 178
Wilderer
  (Wilderin) 177
wildern 177
Wildnis 178
Willkommen 164, 184
Windfarm 178
Windrad 178
wirksam 175
Wirkung 187
Wirtschaft 181
Wirtschaftswissen-
  schaften 167
Wirtschaftswissen-
  schaftler(in) 167
Wissen 155
Wissenschaft 189
Wissenschaftler(in)
  189
wissenschaftlich 189
Witwe 158
Witwer 158
Witz 203
witzig 203
Wochenzeitung 199
wohlhabend 172
Wohlstand 170, 183
Wohltätigkeits-
  organisation 152
wohnen 162
Wohnheim 155
Wohnung 154
Wortspiel 202, 203
WTO 172
Wunderkind 193
Wunsch 185
Würde 153
Wurm 191
Wüste 175
Wüstenbildung 175
Wut 163

zahlen 156
Zahlung 170
Zahlungsaufschub 177

zappen 199
Zappen 199
Zauberer
  (Zauberin) 196
zeichnen 194
Zeichnung 194
Zeile 201
Zeitalter 186
Zeitschrift 195, 196,
  197
Zeitung 196
zensieren 193
Zensor(in) 143, 193
Zensur 143, 193
Zentrale 168
Zentrum 152
zerbrechlich 176
zerstören 200
Zerstörung 175
Zeuge 191
Zeugin 158, 191
Ziel 149, 181
Zins 169
Zinssatz 169
Zirkus 193
Zitat 202
Zorn 163
züchten 174
Zuchtprogramm 174
Zuchtwahl 190
Zuckerrohr 184
Zuflucht 157
Zugabe 194
Zugang 152, 186
zügellos 203
zugreifen 186
Zuhause 161
Zuhörer(in) 195
Zukunft 161, 187
zukünftig 145
zulassen 142
Zulassung 180
Zuneigung 200
zurückgeben 176
zurückrufen 170
zurücktreten 148, 149
zurückzahlen 170
Zusammenarbeit 200

zusammenarbeiten
  200
zusammenbrechen
  166
Zusammenbruch 167
zusammenleben 153
Zusatzartikel 180
Zuschauer(in) 198,
  199
Zuschuss 199
Zustrom 162, 182
Zutritt 180
zuversichtlich 180
Zuwanderer
  (Zuwanderin) 162
Zuwanderung 162
Zwangsräumung 154
zwischenstaatlich 145

Notizen

Notizen

Notizen

Notizen

Notizen

Notizen

Noch mehr Englisch ...

PONS DIE GROSSE GRAMMMATIK ENGLISCH

Ausführlich, einfach und verständlich

- Umfassend und aktuell: alle Themen der englischen Grammatik mit allen wichtigen Regeln zu Wort-, Satz und Lautlehre, Rechtschreibung sowie Zeichensetzung
- Übersichtlich und leicht verständlich: klar strukturierter Kapitelaufbau und einfach formulierte Erklärungen mit vielen Beispielen
- Schnelles Lernen und Nachschlagen: Übersichtsseiten zu Beginn jedes Kapitels mit den wichtigsten Infos zum jeweiligen Thema
- Mit vielen Extras: mit deutschen Übersetzungen, vielen Hinweisen auf typische Fehler und zahlreichen Hilfen zu stilistischen Fragen
- Für Anfänger bis Profis (A1-C2)

Format: 13,5 x 19 cm
496 Seiten, Hardcover
ISBN: 978-3-12-561024-8

www.pons.de

Noch mehr Englisch ...

PONS WÖRTERBUCH STUDIENAUSGABE ENGLISCH
(Englisch-Deutsch / Deutsch-Englisch)

Das ideale Nachschlagewerk für die Sekundarstufe II und fürs Studium

- Rund 315.000 Stichwörter und Wendungen, aktueller Wortschatz und mit vielen Beispielsätzen
- Von der Allgemeinsprache bis zur modernen Fachsprache
- Infokästen zu Kultur, Land und Leuten
- Mit Verbtabellen, Musterbriefen und ausführlichen Formulierungshilfen
- Enthält amerikanischen, australischen sowie österreichischen und schweizerischen Wortschatz
- Extra: Mit Oberstufenwortschatz von Shakespeare und anderen wichtigen Autoren

Format: 17 x 24 cm
2.510 Seiten, Hardcover
ISBN: 978-3-12-517594-5

www.pons.de

PONS
Texte schreiben
Englisch

Bearbeitet von: Ira Knabbe

Warenzeichen, Marken und gewerbliche Schutzrechte
Wörter, die unseres Wissens eingetragene Warenzeichen oder Marken oder sonstige gewerbliche Schutzrechte darstellen, sind als solche – soweit bekannt – gekennzeichnet. Die jeweiligen Berechtigten sind und bleiben Eigentümer dieser Rechte.
Es ist jedoch zu beachten, dass weder das Vorhandensein noch das Fehlen derartiger Kennzeichnungen die Rechtslage hinsichtlich dieser gewerblichen Schutzrechte berührt.

Kostenlose Hördateien im MP3-Format zu diesem Titel finden Sie unter:
www.pons.de/texte-schreiben-englisch

Produktinfos und Online-Shop: www.pons.de
E-Mail: info@pons.de
Online-Wörterbuch und Online-Bildwörterbuch: www.pons.eu

1. Auflage 2012   (1,01 – 2012)

© PONS GmbH, Stuttgart 2012
Alle Rechte vorbehalten

Projektleitung: Ursula Martini

Einbandentwurf: Schmidt & Dupont, Stuttgart
Logoentwurf: Erwin Poell, Heidelberg
Logoüberarbeitung: Sabine Redlin, Ludwigsburg
Satz: Satzkasten, Stuttgart
Druck und Bindung: Print Consult GmbH, München

ISBN 978-3-12-517775-8